甘肃省教育厅 2011 年度科研项目
语音意识、句法意识与英语阅读理解的相关关系
（1108 –07）
终结性成果

甘肃省教育科学"十二五"规划课题
元语言意识对英语阅读能力影响的实证研究
（GS［2011］GHBG021）
终结性成果

二语习得中元语言意识与阅读能力的关系

——对西部偏远地区初二学生的个案研究

张忠慧 ◎ 著

中国社会科学出版社

图书在版编目(CIP)数据

二语习得中元语言意识与阅读能力的关系：对西部偏远地区初二学生的个案
研究／张忠慧著．—北京：中国社会科学出版社，2015.6
ISBN 978 – 7 – 5161 – 6328 – 3

Ⅰ.①二…　Ⅱ.①张…　Ⅲ.①第二语言 – 外语教学 – 教学研究　Ⅳ.①H09

中国版本图书馆 CIP 数据核字(2015)第 127175 号

出 版 人	赵剑英	
责任编辑	任　明	
特约编辑	李晓丽	
责任校对	刘　娟	
责任印制	何　艳	

出　　版	中国社会科学出版社	
社　　址	北京鼓楼西大街甲 158 号	
邮　　编	100720	
网　　址	http：//www. csspw. cn	
发 行 部	010 – 84083685	
门 市 部	010 – 84029450	
经　　销	新华书店及其他书店	

印刷装订	北京市兴怀印刷厂
版　　次	2015 年 6 月第 1 版
印　　次	2015 年 6 月第 1 次印刷

开　　本	710×1000　1/16
印　　张	11.75
插　　页	2
字　　数	210 千字
定　　价	55.00 元

前　言

　　影响第二语言习得的因素有很多，包括元语言意识、一般认知能力、情感态度因素和母语等。近年来，越来越多的研究发现，元语言意识在第二语言习得中扮演重要角色，影响着第二语言能力的发展（Diaz，2008；Goodwin，2012；Lipka & Siegel，2012）。元语言意识在作用于语言学习的同时，自身也在逐渐发展，并且在不同的学习阶段起到了不同的作用。但元语言意识是如何形成的？它在各个阶段的发展情况怎样？也是现在许多研究者共同关注的焦点。元语言意识的正常发展也是母语能力正常发展的前提，元语言意识的发展与母语能力发展的关系并非是单向的，而是相互促进的。同时，母语能力也促进元语言意识的正常发展（Hilte & Reitsma，2011；Deacon，2012）。

　　元语言意识的作用并非止于母语，它在母语和第二语言间跨语言迁移，在第二语言习得中依然扮演重要角色。母语和第二语言间的跨语言迁移是指根据母语能力发展的情况可以预测第二语言习得的情况，即在母语能力发展之初个体间语言能力上的差异与随后第二语言的习得水平显著相关，这一观点已经得到大量研究结果的支持（Ramirez，2010；Alperin & Wang，2011）。元语言意识的研究最先始于英语。元语言意识虽然存在于所有语言中，但是每一种具体语言的元语言意识还不一样，所起的作用也有差异。元语言意识是对语言文字一般性特征的认识和操作。它包括语音意识、句法意识、语素意识以及语用意识，是个体思考语言本质特征和功能的能力。尽管语音、词、句法及语用等都是语言学习的重要方面，并在语言发展研究中得到了系统的研究，前人已经发现元语言意识能够促进单词的解码和拼写，促进词汇增长，并直接和间接作用于阅读理解。虽然这些过程有其他的语言能力，尤其是语音意识的参与，语素意识和句法意识已经被证实在语言获得中有所贡献。但相对而言，语音意识、语素意识和句法意识在儿童早期阅读发展中具有更重要的作用，语音意识、语素意识和句法意识都独立作用于词汇能力和阅读能力的发展（Deacon，2011），因此，研究者更多关注这三个方面。

相关研究指出语音意识、语素意识和句法意识与阅读理解存在显著相关；干预研究也发现对儿童外显语音、语素和句法知识的干预可以促进儿童阅读能力的发展。然而，语音、语素和句法意识都是多维度的，不同维度的侧重点不同，与阅读理解的关系也各不相同。此外，不同阅读发展阶段对儿童认知和语言能力的要求不同，语音意识、语素意识和句法意识的各个成分与汉语阅读的关系可能随年龄变化而表现出不同的模式。目前针对汉语或英语学习的研究文章不少，但是，它们大多数把重心放在了元语言意识的某个方面对语言获得和阅读理解的影响上，而忽略了元语言意识本身的发展，以及对元语言意识的各个方面对阅读理解影响的研究几乎空缺。同时现有的元语言意识研究又集中探讨的是儿童母语的元语言意识，而对他们所学习的第二语言的元语言意识关注甚少，对外语的元语言意识对其阅读理解影响的研究则更少。

现在的中国，英语学习已成热潮，儿童甚至从幼儿园起就开始学习英语，那么对汉语儿童来说，受汉语影响的英语元语言意识发展情况怎么样？元语言意识对语言的学习，尤其是对英语阅读理解有什么作用？英语语音意识、语素意识和句法意识能独立地贡献于英语词汇和英语阅读理解吗？元语言意识的三要素对英语阅读理解的交互作用又是什么？以及什么样的学习方法能帮助汉语儿童更好地发展英语元语言意识？这些尚未解决的问题都是本研究试图探讨的内容。本研究的基础来自教育学、心理学和语言学等学科的成熟理论，具体来说，主要以比亚韦斯托克（Bialystok）的控制和分析理论及普拉扎（Plaza）的整合性假设理论为框架。研究从第二语言习得中的英语元语言意识与语言能力的关系入手，围绕西部偏远地区的一个小城市里的初二360名中学生的英语元语言意识的发展状况和阅读理解能力的关系进行研究。采用自行编制的元语言意识测试材料以及阅读理解测试题。其中元语言意识测试题分为语音意识测试、语素意识测试和句法意识测试；阅读理解能力测试题分为易、中、难三种类型的篇章阅读材料，每篇阅读材料后都附有与材料相关的五个选择题，同时还有相关的访谈、观察等定性研究结合的方法。通过横向的研究比较，考察了西部偏远地区初二学生在英语学习过程中元语言意识中语音意识、语素意识和句法意识的发展特点，以及与其英语的语言能力中阅读能力的关系，本书获得以下主要研究结论：

第一，英语语音意识与阅读能力的相关性。初二学生的英语语音意识与其阅读能力有显著性相关；语音意识是阅读能力较好的预测指标；同时，对初二学生的英语语音意识调查发现，在英语语音意识的三项任务上表现显著的差异，韵脚意识好于音节意识，后者又好于音位意识。在语音意识的韵脚意识、音节意识和音位意识三项任务上，不同英语水平的学生之间存在着显著的组间差异。

第二，英语语素意识与阅读能力的相关性。英语语素意识与阅读能力间存在显著相关关系。语素意识的各要素与阅读能力好与差的对比很清楚地表明不同阅读能力的被试的语素意识的差别很大，尤其在屈折语素意识和派生语素意识与阅读理解能力的好与差间的差异性非常显著，充分证明了语素意识与阅读能力间的相关关系。

第三，英语句法能力与阅读能力的相关性。初二学生的英语句法意识发展水平整体较好。与低级的句法意识相比，高级句法意识发展较好，对大部分句法错误能自动迅速地识别。高级句法意识在语言学习中，尤其是在第二语言的学习中有重要的作用；英语句法意识与阅读理解间呈显著性相关；英语句法意识对阅读理解有较强的预测作用。在控制有关变量的影响后，句法意识对英语阅读理解仍有较强的预测作用。高级句法意识对阅读理解的预测作用则更强。

第四，英语语音意识、语素意识、句法意识与阅读能力的交互关系。英语语音意识、语素意识和句法意识分别与阅读理解间都具有显著的相关性。其中英语句法意识与阅读理解的相关性最为显著；英语语素意识与阅读理解的相关性次之；英语语音意识也与阅读理解很相关，但相关性没有句法意识和语素意识与阅读理解的相关性显著。英语语音意识和语素意识共同对阅读理解的起预测作用，其中语素意识对阅读理解的预测作用稍强于语音意识对阅读理解的预测作用；相对于语音意识，句法意识对阅读理解的预测作用大于语音意识对阅读理解的预测作用，也就是说在第二语言阅读中，语音意识对阅读理解不具有独立的预测作用，而句法意识独立对阅读理解产生影响；相对于英语语素意识，句法意识对阅读理解的预测作用大于语素意识对阅读理解的预测作用；英语语音意识、语素意识和句法意识三要素共同对阅读理解起预测作用时，其中句法意识对阅读理解的预测作用最强，其次是英语语素意识对阅读理解的预测作用，最后则是英语语音意识对阅读理解的预测作用。

研究结果与国内大多数研究结论基本一致，支持了普拉扎的整合性假设。中国的儿童在第二语言（英语）习得中，英语元语言意识对阅读能力的影响作用很显著。英语元语言意识中的句法意识对阅读理解能力的影响最为显著，其次是语素意识对阅读理解能力的影响，影响最弱的是英语语音意识对阅读理解的作用。此结论与以桑克维勒（Shankweiler）为代表的"语音限制假说"正好相反。就我国目前英语教学的实际情况来看，大多数儿童尤其是西部偏远地区儿童在学习阅读以前并不具备一定的口语能力。而且，我国中学生在建立英语语音与语意的联系时，常常是以汉语语音为中介。在阅读过程中，学习者通常要将英语转换为汉语，以帮助意义的通达。语音意识是架起口语和书面语的桥梁，语音意识对于拼音文字的阅读是非常重要的，尤其是对深层次正字法表征的英语阅读，一定的语音意识可以帮助儿童在阅读中有效地进行语音解码，建立起书面语和口语的对应关系，进而确认不熟悉单词，提高单词识别的速度和自动化，促进阅读理解。但语音意识对拼音文字阅读的影响主要是在初始阅读阶段，而且这种影响发生的重要前提是儿童在学习阅读前已经具备了一定的口语能力，大量的口语表征已经形成，而且词汇的语音表征与相应的语义联系已经建立。如果没有大量的口语表征及相应的语义联系作为前提条件，儿童即使能够有效地进行语言解码，也无法确认不熟悉单词的意义，无法对阅读理解产生实质性的作用，而我国西部地区的大多数中学生，就连最基本的英语口语表达都有困难，因此英语语音意识相对于句法意识和语素意识来说，对阅读理解的作用就不明显。

本书在研究方法和研究内容上进行了一些大胆探索。其一，较为系统地获得了西部偏远地区中学生的英语元语言意识的基本情况。目前我国大多数研究集中到元语言意识的语音意识、语素意识和句法意识的某一方面进行研究，很少系统、全面地研究元语言意识的三个方面的情况。其二，把研究对象放在了中国西部偏远地区——天水市。以前大多数研究都是针对北京、广州等发达地区的儿童进行研究，就中国的中学英语教学现状来看，西部地区的儿童在中国的总人数中占有相当大的比例，一定程度上能反映出中国西部地区中学生当前的英语学习现状。其三，本研究对元语言意识的测试工具是自编的系列测试任务。由于至今国内并没有统一标准的元语言意识的测量工具，因此，本研究的英语语音意识、语素意识和句法意识的测试工具是借鉴了目前国内和国外有关研究元语言意识的研究工具，根据研究对象的具体情况，自行编制的一套研究工具。虽然可能不具有权威性，但是从信度和效度上都进行过验证。因此，可以说为以后国内同类型的研究提供了借鉴。

本研究的理论价值：对于西方英语为母语的儿童元语言语音意识探讨表明，英语元语言意识在儿童阅读习得的过程中具有重要的作用，但对其具体发展趋势及其与阅读的关系缺乏有力的探讨。本研究进一步在以英语为外语的汉语学生中进行英语元语言意识的相关研究，不仅有助于深化人们对有关个体在英语系统中读写发展过程的认知，而且能从跨语言的角度进一步丰富儿童语言发展的理论基础。

研究的应用价值：近年来，随着社会和经济的发展，我国以英语为外语的教育受到了政府、社会及家庭的高度重视，英语学习已经成为我国儿童个体素质发展和能力提高的重要方面。但是在我国以汉语这一非拼音文字为母语的背景下，要获得英语这一与汉语完全不同的拼音体系语言对学生来说具有极大的挑战性。本研究可以为当前我国英语教育实践提供某些理论依据，推动旨在提高学生英语学习效率的教育干预措施的制定。同时对汉语学生英语元语言意识发展特点及其与阅读关系的探讨可以直接促进英语教学，提高英语教学实践的效率。

关于中国学生的英语元语言意识的研究是一个较为广阔的领域，本研究只是对英语元语言意识对英语阅读理解能力的影响做了研究，至于汉语究竟是如何迁移影响到中国学生二语习得中的英语元语言意识的发展并没有进一步涉及，因此，在目前的研究领域仍然还是一个空缺，有待进一步的研究。

张忠慧

2015 年 1 月

目　　录

上篇　理论篇

下篇　实证篇

上篇　理论篇

第一章

元语言意识

在认知发展过程中，儿童经历的一个重要变化是能够监测某个领域内自己的知识，监控自己的认知加工过程。这方面的研究始于 20 世纪 70 年代，美国著名心理学家 J. H. 佛拉威尔根据儿童发展中的这一重要变化首先提出了元认知的概念，用来描述对认知加工及其相关知识的意识。自此之后，研究者在元认知领域开展了一系列的研究，以考察并说明与知识有关的其他一些特殊领域内儿童的发展状况，其中比较有代表性的研究领域包括"元记忆"（meta-memory）、"元语言意识"（metalinguistic aware-ness）等。在元语言意识研究中，研究者比较感兴趣的主题是元语言意识的发展过程及其影响因素。例如，如何来证明儿童具备了元语言知识？语言意识的获得是否像语言获得一样是自然发展的过程，还是受特定语言经历（如语言的文字体系、儿童的读写经历或能力）的影响？为了探讨这些问题，研究者从语言学的角度把元语言意识进行分解，然后从各自的研究兴趣与目标出发建立或发展了各种不同的研究方法及任务，探索元语言意识的发展及其对语言学习的作用，同时解释元语言意识发展的原因。斯诺（Snow）等人（1995）十多年的跟踪研究显示了儿童元语言意识的重要意义。他们发现，那些年幼时在语言方面，尤其在口语表达方面有较强元语言意识的学生，随着年龄的增长在读写方面也居强势，这一强势直接影响着他们在其他功课方面的表现。

第一节　元语言

当我们讨论一件事物时，我们所使用的语言被称为对象语言，因为它是对象的表现。而当我们谈论一种语言时，我们所使用的语言被称为元语言（metalanguage）。在任何语言研究中，都有一种作为研究对象的语言，还有一种由研究者用来谈论对象语言的元语言。对象语言与元语言是相对而言的。任何语言，无论它多么简单或者多么复杂，当它用于谈论对象的时候，它就是对象语言；当它用来讨论一种语言的时候，它就是元语言。因此，元语言是关于语言的一种语言，也就是针对文本或者言语行为而进行讨论、写作、思考的语言。

将语言分为元语言和对象语言两个层次是塔尔斯基和卡尔纳普分别于1933年和1934年提出来的。不过，塔尔斯基的思想只是在其著作《演绎科学语言中的真理概念》由波兰文译成德文于1935年发表后，才广为人知的。因此，一般认为，卡尔纳普最早提出语言分层理论。

起初，卡尔纳普把两个语言层次的区分当作建立人工语言的逻辑语形学的前提。他在1934年发表的《语言的逻辑句法》导论的第一节中对此作了明确的说明："我们关涉两种语言：首先是作为我们研究对象的语言——我们称之为对象语言；其次是我们用以谈论对象语言的语形形式的语言——我们称之为语形语言（即元语言）。正如我们已说过的，我们将把某些符号语言作为我们的对象语言，我们将先简单地用英语（并借助一些附加的哥特体符号）作为我们的语形语言。"由此可见，对象语言是指作为研究对象的语言；元语言是指用以表述、研究对象语言的那种语言。例如，某人说"球是红的"，这时他用的是对象语言，因为他用语言来谈论非语言实体——球。当某人说"'球是红的'这个命题包含四个词"，这时他用的是元语言，因为这句话所谈的不是球这个非语言的对象，而是谈论描述这个对象的语言本身。后来，卡尔纳普又将两个语言层次的区分用于语义学的研究，用"元语言"和"对象语言"这两个概念来定义他的语义学体系。他还认为，语义系统的规则陈述了对象语言中的语句的成真条件，从而决定了这些语句的意义。这就是说，语义系统的规则涉及的是对象语言，但它们本身是用元语言来表述的。

内涵符号学将"元语言"与"内涵概念"·联系起来，从内在属性上揭示了元语言对对象语言起作用的过程及本质。同时，将元语言的研究范围扩大化，讨论了人文科学和其他社会科学中存在的元语言与对象语言的关系。从某种意义上说，人文科学的历史就是一个元语言的历时过程，是一个对象语言变成元语言，再由元语言变成对象语言的循环往复的历程。完整的符号学分析，除了关涉被研究系统及经常承担着该系统（外延）

的语言外，还同时调动着内涵系统及应用于该系统分析的元语言。

在日常的语言使用中，由于被谈论的语言（对象语言）和用来谈论语言的语言（元语言）常常是用一种语言（例如，汉语或英语）来表述，人们往往意识不到语言层次的区分，而把两者混淆起来，这种混淆的结果直接导致了悖论的出现。所谓的"说谎者悖论"就是其中的典型一例。从这意义上来说，两个语言层次的区分，很可能为最终消解语义悖论找到一条极有希望的途径。

语言分层理论的意义不仅仅局限于语言研究的范围。譬如说哲学，它不仅要研究世界，研究人生，而且要研究它的自身。这种对哲学自身的研究，亦即对哲学概念、命题、理论等的研究，被称作"元哲学研究"。显然这种"元哲学研究"要借助于语言分层理论，以区别对象语言和元语言，否则"元哲学研究"无从进行。近年来新崛起的所谓"元科学"、"元方法论"等理论，差不多也都包含着语言分层理论的具体应用（黄晓钟、杨效宏、冯钢，2005）。

元语言的特征是其自称性（self referentiality）和反身自称性（self reflexivity），即语言符号的意义和所指是语言符号本身。索绪尔（Saussure，1959：66—67）指出，语言符号是一个具有两面性的心理学实体，把概念与音、形紧密地结合在一起，即"所指"与"能指"的结合体，因此符号才自动产生意义，才能代表它在"任意性"关系上约定俗成所对应的具体物体和对象（referent）。结构主义文学理论家巧妙地利用了索绪尔的符号学理论模式，大都把"词"当作"能指"，把词所代表的事物对象当作"所指"。

使用语言来指称和描述语言，其历史源远流长。两千多年前，古印度语言学家在研究梵文经典中所作的细致的观察和详尽的语言学描述，应该说是开创了元语言使用的先河。大约公元前 5 世纪出现的研究成果汇总——波你尼（Pnini）梵文语法《八章书》（*Eight Books*），被认为是研究印欧语言最早的专著，也是公认的世界上最古的一部完整的语法书。波你尼语法对梵文进行了详尽描述和系统整理，为后世留下了宝贵的文化遗产，其中发现、归纳并整理的 4000 多条高度公式化的构词法规则，以及相关的技术性概念，都是使用元语言描述语言系统的最早典范。其语言的简洁性、穷尽性和系统性，极大影响了后来以及现代描写语言学的发展。罗宾斯（Robins，1997：178）指出，波你尼的梵文语法是"语法学家的语法，而不是语言学习者或教师手册"，足见其技术性含量之高。

我们不知道波你尼是否意识到自己的梵文语法使用的是技术性语言或元语言，但我们知道，古希腊学者柏拉图和亚里士多德等人比波你尼更明确地认识到元语言的重要性。虽然他们提出的希腊语语法框架并非十全十美，但他们最大的贡献就是用希腊语的词汇资源创造出了一套"技术性的元语言"（Robins，1997：34）。西方语言学是以语言成分的范畴分析起步的。从柏拉图对希腊语句子结构的二分法，到亚里士多德的三分法（如名词成分、动词成分、第三类句法成分）以及名词的"性"、"格"等概念的形成，对建立科学系统的希腊语语法体系起到了重要的作用。正是靠这些"技术性的元语言"，古希腊语言学研究才形成了一套高度科学的完整体系并为后世奉为经典。古罗马语言学家大规模吸收古希腊语言学的逻辑系统和思想模式，用于拉丁语研究，这个过程被语言学史家称为"元语言学转移（metalinguistic transfer）"（Robins 1997：60）。从柏拉图、亚里士多德到斯多噶学派再到迪奥尼修斯时期形成的完备的语法范畴体系，"是整个西方语言学理论大厦的基础"（褚孝泉，2003：118）。

到了中世纪第二个阶段，元语言成为逻辑学家和语言学家更为重要的技术性手段。正因如此，柏图斯·希恩帕尼斯（Petrus Hispanus）才有可能用三个不同的新概念（"signification"，"supposition"，"appellation"）取代逻辑学中原有的"signification"，才能根据词根表现的意义和可以加在词根上的派生词缀的意义有所不同而把自己的含义概念分为主含义（principal signification）和相关含义（consignification），才能区分名词性的词（substantival）和形容词性的词（adjectival），以及形性推想和物性推想等。

现代语言学获得了很大发展，但如果没有索绪尔等人创建并使用技术性的元语言作为描写语言和语言系统的手段，现代语言学也许不能真正成为科学。伦敦语言学派的创始人弗思（Firth，1957：169）曾说："每个科学领域都应该开发出适用于其性质的一套特殊语言，这个过程代表着科学工作的最基本组成部分。"哥本哈根学派叶姆斯列夫（Hjelmslev）认为，元语言才是语言学的真谛。他写道："尤其令人惊愕的是，我们发现了一个其表达层面是符号的一种符号（a semiotic whose expression plane is a semiotic）……这就是所谓的元语言［或者我们应该说是元符号（meta-semiotic）］，意思是把符号当作对象的一种符号，语言学本身就必须是这种元符号。"（Hjelmslev 1961：119—120） 马姆克（Malmkjaer，1991：xi）写道："……如果有一个东西能把语言学与其他学科相区别，那就是这样一个事实，即其主体物质必须能被用来进行描述。"因此可以说，如果没有元语言，就没有逻辑学，也就没有符号学和语言学。

深入系统认识元语言的类别，也许是我们认识元语言符号系统性质的关键。表面上看，第一类是马修斯（Matthews）所界定的那种典型的、具有技术性和人工性的逻辑化形式语言对语言的描述或表达，多见于乔姆斯基（Chomsky）、蒙塔古（Montague）等人的语言学专著；第二类是几乎所有语言学类词典都承认的，普通意义上的语言作为元语言使用，如语法书、语言学教科书、词典（包括单语、双语、多语词典）的"正文"；第三类应该是日常生活中用以检查、核对和解释语言的"普通语言"。但问题恰恰不是这么简单。

在第二类元语言使用中，语法书、语言学教科书、词典等都分不同的技术等级，初学者语法→高级学者语法→"语法学家的语法"；初学者词典→高级学者词典→语言学专业词典→词典学词典（如 Hartmann & James，1998）等的元语言也是有等级差别的。这说明，从普通语言作为元语言使用，到更高层次的元语言，显然存在着一个等级层次的连续体。但是很少有语言学家谈及这个问题。布斯曼（Bussmann，1996）虽然提到了元语言的等级差别，但他的例子（"London is a proper noun with two syllables"）只说明了句子（clause）层面上表示"提及"的一个组成部分（London）是元语言使用，而忽视了一个事实，即整个句子在信息（message）层面上"描述"语言的这一命题也是元语言。如在"*London* is a proper noun with two syllables"和"*Snow is white* is true if and only if snow is white"中，斜体字表示"提及"的元语言功能相同；但这两个命题在信息层面上则有本质的不同：前者是语言学命题，后者是逻辑学命题；前者属于"技术性"语言学语言，后者属于"普通"逻辑学语言。普通人可以从来不用形式化元语言，他们却不可避免地要用"A sentence is made up of a noun phrase and a verb phrase"和"*Snow is white* is true because snow is white"这样的"第二级"语言。但布斯曼正好回避了这个问题。虽然他还提到互为描写关系的"两种"语言（对象语言和元语言）的关系（如用德语写成的英语语法），但他并不愿意谈及同一语言中互为描写关系的"关系"（如用英语写成的英语语法或用德语写成的德语语法）。布斯曼对互为描写和解释关系的"两种"语言关系的肯定，实际上肯定了外语教学中母语作为工具语言的积极作用。但他回避了同一自然语言中互为描写关系的问题，使元语言的性质再次若隐若现。那么，同一自然语言中用来描写的工具语言，属于文体学家关心的功能性"变体"呢，还是语言学家不可回避的"元语言"？

从普通语言的元语言使用到技术性的元语言的元语言（metalanguage for meta-language）甚至更高等级的元语言，显然构成了一个等级层次的连续体。在理论上，工具性、概括性和解释性层层递增的"元"、"元"、"元"语言是存在的。那么在语言学研究实践上，元语言这个金字塔到底有多高？（封宗信，2005）

人类能够用语言描述和谈论语言，这个现象属于语言的设计特征还是属于语言的功能？语言为人类所独有，是因为它有多种独特的属性。普遍认为，语言的设计特征或属性包括"任意性"、"音义双重性"、"创造、生成性"、"移位性"等。那么，"元语言性"（metalinguality, metalinguisticality）属于什么？麦克多纳（McDough，2000：203）指出，应该正确区分两种不同的"元语言学"。第一种是"把语言作为对象语言的概念"（language-as-object conception）；第二种是"把语言作为第二级反映思考"（as second-order reflection of language）的手段。

语言学词典大都以元语言的本体性特征为出发点界定元语言，强调其有别于自然语言的"人工性"和不同于普通语言的"技术性"，但在举例时几乎都要提到雅各布森（Jakobson，1960）指出的发挥"元语言功能"的"普通"语言。众所周知，建立在卡尔·布勒（Karl Bühler）理论之上的传统语言学模式区分了三种功能：情感功能、意动功能和指称功能。现代诗学理论的奠基人雅各布森（1960：356）提出，从这个三分法模式中可以"轻而易举地"推出别的语言功能，即诗学功能、寒暄交际功能和"元语言"功能。其实，在雅各布森提出的语言功能模式中，"元语言功能"主要是指常规语言在日常生活中的对等"解释"（glossing）功能（如"What do you mean by he flunked in math?"），并不是利奇（Leech，1974：352）指出的谈论和描写语言时的"元语言学功能"（metalinguistic functions）。元语言是常规语言层次之上的一种符号，因此，"元语言学功能"的涵盖面要大于雅各布森当初论及的"元语言功能"。因此，应该研究"元语言功能"与"元语言学功能"之间的微妙关系。广义的元语言，既是"解释"或"核对"语码的工具，也是语言学研究中不可替代的描述工具。与之有关的意识，即元语言意识（metalinguistic awareness），也是人的语言意识和语言能力的一个重要组成部分。人除了能用语言描述和解释语言，还能把语言作为谈论和思考的对象，从而把用语言表达的命题转换成分析和批判的对象。对这一普遍语言现象的深入系统研究，从理论上可以使我们更深刻地认识人类语言在交流过程中的特性，以及语言科学所关心的一系列应用性问题（封宗信，2005）。

第二节　元语言意识的概念

大量研究已经证明元语言意识（Metalinguistic Awareness）与儿童的读、写学习等与语言有关的活动都有着非常紧密的关系（Bialystok，1993、2001a），因此元语言意识一直是儿童认知发展研究的一个重要内容。卡兹登（Cazden，1974：29）是最早描述元语言意识的研究者之一。她把元语言意识定义为：使语言形式更为清晰、注意到语言形式并为之而关注的能力。它是一种特殊的语言成就，并产生特殊的认知需求。这种能力不像说和听这样的语言成就那样容易获得和能够普遍获得，尽管卡兹登定义的概念说明了语言的元语言运用方式不同于说与听，但她并没有指出与这些语言功能有关的认知需要的特殊性。屯门和赫里曼（Tunmer & Herriman，1984：12）的定义则更详细些：反映与操纵口头语言结构特征的能力。他们把语言本身作为思维的对象，而不仅仅将语言系统运用于理解和产生句子。卡敏斯（Cummins，1987）把元语言意识定义为使语言形式成为注意的中心，不是通过语言原有的含义看待语言。他把元语言意识看成一种客观分析语言输出的能力。

到目前为止，在众多的研究中，至今尚未对元语言意识的定义达成共识。以上的三个定义都包含两个共同特征：第一，注意语言单位的运用；第二，注重语言的形式（Bialystok，1993）。此外，研究者对于元语言意识的作用也持有一致的观点：它在儿童各方面语言功能（如阅读、书写）的发展中起关键作用（Brown，1980；Downing & Valtin，1984；Forrest-pressley & Waller，1984；Garton & Pratt，1989）。但是，以上的这些定义过于宽泛，对在元语言意识任务中涉及的认知过程没有谈及，未能解释元语言意识的本质。耶斯纳（Jessner，2006）认为元语言意识是指个体思考和反思语言的特征和运作的能力，包含翻译能力、发散性思维、交际敏感性和元语用技能。这个定义缺乏理论基础，内容也过于宽泛。因此，本研究所采用的是比亚韦斯托克（Bialystok，1992）给出的元语言意识定义。她从元语言意识所涵盖的成分入手，提出元语言意识包含了语言知识的分析与注意过程的控制这两个过程性成分；其中语言知识的分析涉及对语言的内隐心理表征进行重新组织以便获得有关结构的外显表征这一过程。注意过程的控制是指在实时解决语言问题时对不同表征的不同方面进行选择性注意。本研究所采用的就是比亚韦斯托克以上提出的定义。这个定义不但简单地给出了元语言意识的含义，还和她的控制和分析理论结合起来。

在元语言意识研究中，研究者主要研究元语言意识的发展过程及其影响因素。他们从语言学的角度把元语言意识进行分解，然后根据各种不同任务确定研究方法，探讨元语言意识的发展及其与语言学习的关系，解释制约和促进元语言意识发展的原因。从目前的研究现状看，研究者的研究主要集中在语音意识、语素意识、句法意识及语用意识领域。

第二章

选题的理论依据

第一节　双语教育的理论

20 世纪 70 年代以前，学者们大都认为语言能力仅仅指的是语法能力，或者认为语言能力仅仅与语音、词汇、句法和语义知识有关。作为对这种观点和当时盛行的行为注意教学法（Behaviourist Approach）的有力反驳，乔姆斯基（Chomsky，1965）对语言运用（Performance）和语言能力（Competence）做了区分。针对乔姆斯基的观点，海姆斯（Hymes，1972）提出了不同的看法，他认为"语言水平"（Language Proficiency）的内容远远超过"语言能力"这一概念所能涵盖的范围，他提出了"交际能力"（Communicative Competence）这一概念，认为语言能力是交际能力的一个方面。他还认为，要进行充分的交际需要掌握许多代码，其中包括非语言性的代码，语言水平不仅是指能够使用语法规则来组成正确的句子，而且还包括指导如何使用这些句子。尽管应用语言学家们对于语法以外，就"交际能力"由什么构成这个问题上没有达成共识，但海姆斯的观点仍然具有很大的影响力。可以肯定的是：大家都同意交际能力可以按乔姆斯基的理论，被定义成一套规则组合体系，该体系为我们判断什么叫语法正确性、可接受性和得体性提供了标准（Schachter，1990：40）。乔姆斯基认为语言水平是物种特有的（Species-Specific）能力，除了那些成长严重迟缓的人之外几乎所有人可获得这种能力，因此语言是天生的，每一个正常人生来在大脑中就有语言习得机制（Language Acquisition Device），母语和第二语言甚至第三语言都是通过这个机制习得的。

在海姆斯的交际能力理论基础上，卡纳勒和斯维因（Canale & Swain，1980）提出了一个交际语言水平框架。他认为，交际能力包括语法能力、话语能力、社会语言能力和策略性能力。语法能力指能使用词汇和语法规则来组成合乎语法的句子的能力。这种能力与语言本身有关，包括联系其语音与语义之间关系的能力，还有使说话者生成符合语法规则的语言的能力。沙赫特（Schachter，1990）认为把交际能力看作由语法能力和语用能力构成是最有意义的，因为社会现象和这两方面时刻在各个层面上互相影响着。而巴克曼（Bachman，1990）提出了另外一种模型。巴克曼同样认为语言能力不仅是语法能力，他关注不同类型交际中的语言使用现象。他认为，交际能力包括两方面：组织能力（Organizational Competence）和语用能力（Pragmatic Competence）。

在众多的语言理论中，卡纳勒和斯维因的交际能力模型在二语习得界影响重大。自此以后，二语习得研究界几乎达到了一个共识，那就是"交际能力"（Communicative Competence）被确定为语言教学的目标。虽然如此，就双语教育而言，影响更大的是卡敏斯和比亚韦斯托克（Cummins & Bialystok）提出的有关双语能力的一系列的理论。常用的双语教育理论有五个：平衡理论、语言依存理论、冰山理论、"阈限理论"假设、控制和分析理论。

一　平衡理论（The Balance Theory）

贝克（Baker，1993）认为卡敏斯的平衡理论（The Balance Theory）是双语教育初级阶段理论，有其时代局限性。首先，该理论提出了一个比较有趣的说法，认为人的头脑中存在气球形的语言空间，其容纳量是有限且固定不变的。当人脑只容纳一种语言时，空间较大，有足够的发展潜力。而当人脑中需要容纳两种语言时，就会形成两个较小的气球形空间，随着一种语言的发展，其所占空间也会有所扩张，使另一种语言的空间缩小，影响其发展。该理论还假设，第一语言和第二语言分别占据各自的气球形空间，没有交叉，互不干扰。例如，美国学生学习西班牙语不会影响其学习英语，中国学生学习英语也不会促进其汉语的学习。

二　冰山理论（The Iceberg Theory）

卡敏斯（1980，1981）提出了共同潜在语言能力模式，该模式可以用冰山来比喻。他把两种语言比喻为两个冰山，他们在水平面上互相分开，而在水平面下他们连为一体。也就是说，两种语言在日常言语交际中是明显不同的，但是却可通过一个共同的中央处理系统来运作。冰山理论认为大脑是有限容量容器，说话者的语言表面特征在水平面上有两个高峰。而两种语言在各自的语言表层下面有着共同而交叉的低层语言水平（见图2-1）。

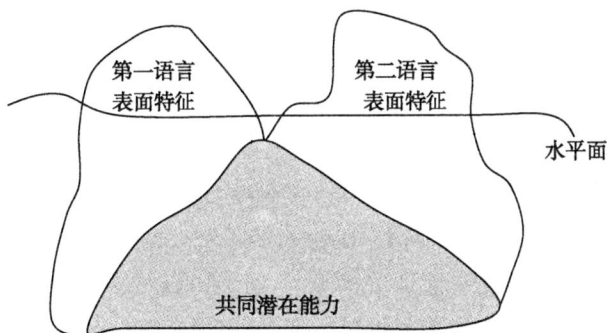

图2-1　冰山理论

（转引自 Baker, C. *Foundation of Bilingual Education and Bilingualism*，1993，p. 134）

冰山理论包含五个主要论点：

（一）无论双语者使用何种语言，伴随听、说、读、写、译全过程的思维都出自同一个中央处理系统。当一个人掌握了两种或两种以上的语言时，完整统一的思维源泉只有一个。

（二）人脑有容纳两种或多种语言的能力，双语或多语现象有其存在的合理性。人脑可以较为轻松地处理两种或多种语言。从这一点来说，冰山理论比平衡理论前进了一步。

（三）无论是单语者还是双语者都能够较好地发展信息处理能力并取得学业成就。学生的认知能力和学业成就可以通过单语方向发展，也可以成功地通过双语的发展而发展。两种渠道均有助于发展学生的中央处理系统。

（四）学生在课堂学习中会面临各种认知方面的挑战，所以课堂上应使用熟练程度较高的语言。

（五）第一语言和第二语言的听、说、读、写、译都能促进整个认知系统的发展。然而，如果学生尚未熟练掌握第二语言或第二语言能力较差时，强迫学生使用第二语言，会对其认知系统产生负面影响。尤其是在真实的语言环境中，如果学生在不情愿的情况下使用第二语言，学生掌握复杂地课程内容的质量和数量都会受到影响，他们的口语和写作能力也会较为薄弱。

　　法语浸入式和双语教育的学科学习方面的研究已经证实通过第二语言掌握的学科知识会过渡到第一语言中去。卡敏斯和斯维因引用了大量的证据。然而，该理论强调只有当学生的两种语言都足够成熟的时候，双语教育中的课程才会有效，认知能力才会得到更好的发展。

三　"阈限"理论假设（The Threshold Theory）

　　根据贝克等（1993）所引述，阈限理论最早由图科玛（Toukomaa）和斯库特纳布·坎加斯（Skutnabb-Kangas）及卡敏斯所提出，是以两个阈限（临界点）来解释认知和双语关系的研究。此理论假设有两种阈限，每一个阈限皆为儿童语言能力的结果。当孩子到达第一个阈限时表示儿童的语言能力可以避开双语能力不足所带来的负面结果。第二个阈限表示儿童的双语能力可能使他达到增进认知的层次。也就是说如果儿童的两种语言能力发展都好，其认知表现最好。若是只有一种语言能力发展得好或是单语者，则其认知表现略低于两种语言能力高发展的儿童；若是两种语言能力发展都不好，就会影响儿童的认知学习。这一理论已经获得许多研究的支持。

　　阈限理论提出了两个阈限，为测量认知与双语的关系提供了一定的支持。第一个阈限代表学生为了避免双语负面影响所需达到的最低水平；而第二个阈限代表学生精通双语并对其认知产生积极效应所达到的水平。三个不同层次的双语者及其第一语言和第二语言的熟练程度如下：

　　（一）高级层次，即平衡双语者。精通两种语言，对认知产生积极影响。

　　（二）中级层次，即不平衡双语者。学生精通两种语言中的一门语言，对认知既不产生积极影响也不产生消极影响。课堂学习中，学生可能第二语言水平较差，但是可以用第一语言交流，对认知不产生影响。

　　（三）低级层次，即有限双语者。学生两种语言的水平都较差，对认知产生消极影响。如在双语课堂学习中，如果学生难以接受用两种语言讲授的课程，无法正常地进行信息处理，就会对认知有负面影响。

　　阈限理论可以用一个三层楼房的图形来描述，如图2-2所示。楼房的两边有两架梯子，分别代表第一语言和第二语言会不断地向上发展。位于一层的是那些处于低级层次的有限双语者，相对落后于同龄的学生。然而当学生到达第一阈限，则在认知发展方面和单语学生处于同一水平，但并不比单语学生更有优势。当学生达到第二阈限以上的水平，他们就能够从容应付两种语言课程，与单语学生相比展现出明显的优势，逐渐成为平衡双语者（见图2－2）。

总观卡敏斯的阈限理论，可以发现双语者的两种语言发展程度与认知学习的效果是有关性的。阈限理论为集中常用的双语教育模式的成败提供了一定的理论解释。在沉浸式双语教育实施的初级阶段，当课程采用第二语言讲授时，学生可能会出现短暂的学业落后现象。但当第二语言较为熟练时，学生便可以应付课程内容，对其认知不产生负面影响。

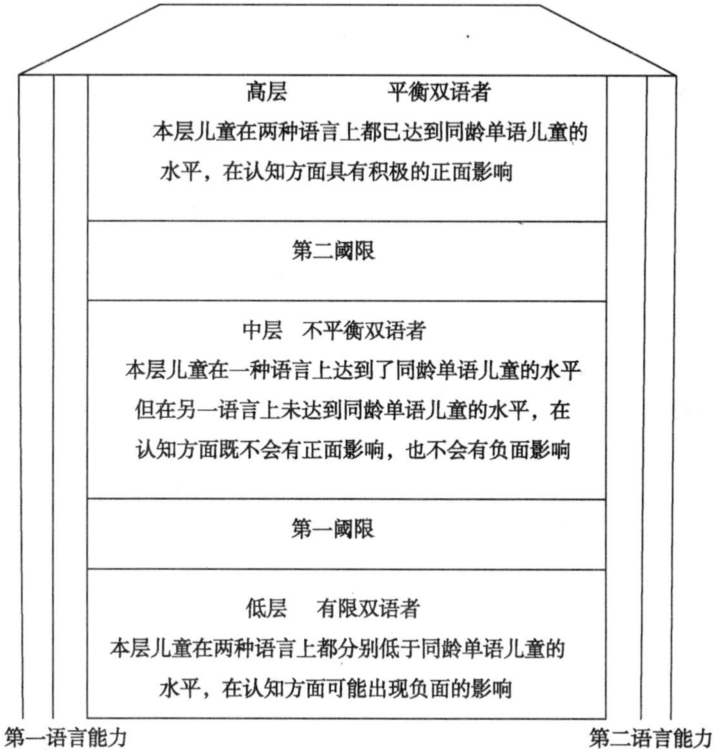

高层　　平衡双语者

本层儿童在两种语言上都已达到同龄单语儿童的水平，在认知方面具有积极的正面影响

第二阈限

中层　不平衡双语者

本层儿童在一种语言上达到了同龄单语儿童的水平但在另一语言上未达到同龄单语儿童的水平，在认知方面既不会有正面影响，也不会有负面影响

第一阈限

低层　有限双语者

本层儿童在两种语言上都分别低于同龄单语儿童的水平，在认知方面可能出现负面的影响

第一语言能力　　　　　　　　　　　　　　　第二语言能力

图2－2　阈限阶层图

（转引自 Barker, C., *foundations of Bilingual and Bilingualism*，1993，p. 136）

四　控制和分析理论（Theory of Analysis and Control）

20世纪80年代后期研究者开始重视双语者认知优势的内在机制的探

讨。比亚韦斯托克等（Bialystok & Ryan，1985；Bialystok，1994）提出了元语言意识概念构成（见图2-3），会话任务、读写任务和元语言意识技能处在不同的象限中。会话任务处于控制和分析低水平象限，而元语言能力处于需求高控制和分析的象限。他们认为学生的元语言能力可使他在使用语言时能有效地对两种语言的理解与表达能力进行自我反思，这种对语言的关注和反思是可以脱离所指事物或环境的。脱离所指事物或环境使用语言的能力，其实指的就是能够用语言谈论超出即刻联系的环境的能力。

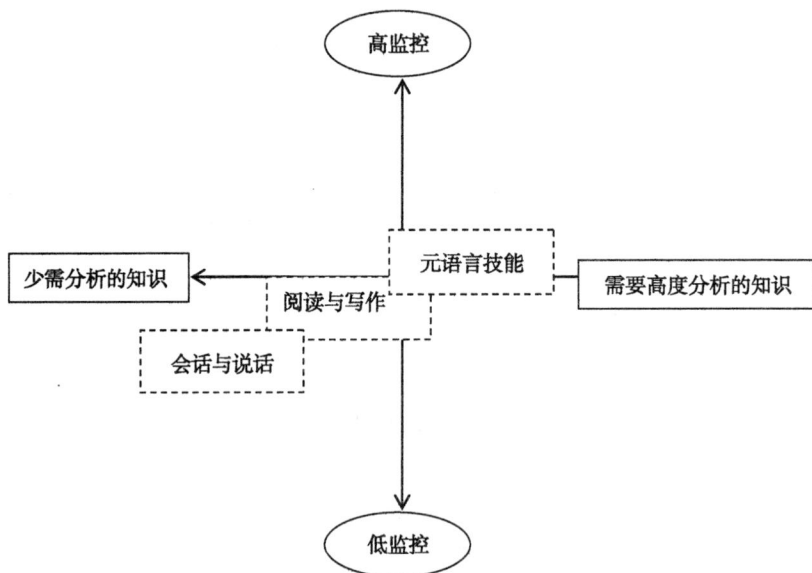

图2-3　Bialystok 的元语言意识概念构成

（Bialystok & Ryan，1985；Bialystok，1994）

比亚韦斯托克（1992，1993，）认为元语言意识包括两种成分——语言知识的分析和语言加工的控制，并用它来解释双语儿童在句法意识等元语言意识方面的优势。语言知识的分析是负责结构、组织以及解释儿童内隐语言知识的技能成分；语言加工的控制是指当解决问题时从心理表征中选择信息并把注意指向刺激情景的特定方面的技能成分，实际上是注意控制在语言加工中的表现。他认为，分析和控制这两种成分在不同的元语言任务中的重要性不同，在需要语言知识的任务中主要是分析起作用。比亚韦斯托克（2001a）进一步把元语言意识任务分为：解释错误、修改句子、单词计数、词汇属性、押韵、同义词判断、错误判断、判断对句、句子单词计数、文章片段、同义句判断、象征替换、音位替换、音位分割（见图 2-4）。

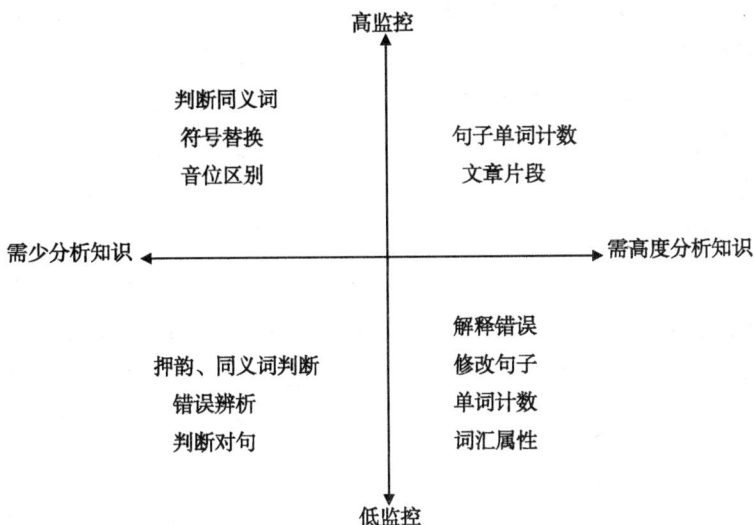

高监控

判断同义词
符号替换
音位区别

句子单词计数
文章片段

需少分析知识 ←——————————————————→ 需高度分析知识

解释错误
修改句子
单词计数
词汇属性

押韵、同义词判断
错误辨析
判断对句

低监控

图 2-4　元语言意识任务分类及各项任务所处的象限
（Bialystok，2001a：169—181）

比亚韦斯托克根据元语言意识的两个成分对先前相关研究进行分析时发现，先前研究中得出的双语儿童在元语言意识（包括单词、语音和句法意识）方面的优势，实际上可归为双语儿童在语言控制加工上的优势；而在语言知识的分析上，双语儿童不一定超过单语儿童。比亚韦斯托克（1986，1988）分别以幼儿园和小学单语和不同的双语儿童为被试，研究发现不同水平的双语儿童在控制成分上都显著超过单语儿童；而在高水平分析的任务中，只有平衡双语儿童明显胜过单语儿童，部分双语儿童和单语儿童比较相近。进而得出结论，至少在元语言任务中，双语儿童表现出语言加工控制的优势。如果双语儿童的元语言优势是由于双语的学习促进了儿童对语言加工的控制能力，从而使他们在需要语言加工的控制任务中表现得更好，那么这种认知能力应该在其他认知任务中也表现出来。为了证明这一假设，比亚韦斯托克（1997，1999，2000a）分别检验双语儿童的元语言优势是否具有普遍性，分别探究了双语儿童和单语儿童在需要高水平或控制的非言语问题解决中的情况。结果发现不管是平衡双语儿童还是非平衡双语儿童，他们在需要高水平控制的非言语任务中得分显著高于同龄单语儿童，但在解决需要高水平分析的非言语问题时，双语组和单语组间没有显著差异。由此推断双语儿童的元语言意识的不同成分的表现是不同的。语言加工的控制优势具有领域普遍性，亦即双语儿童对语言加工的控制优势不仅在元语言任务中而且在非言语任务中都表现出来，也受到任务类型的影响。只有那些在两种语言上都达到比较高的熟练水平的平衡双语儿童在元语言任务中显示了单语儿童所不具有的分析优势。这一结论似乎也表明在学习的不同阶段双语对认知的不同方面的作用也是不同的。

这一区分对于研究语习得有重大意义，因为语言习得不仅涉及习得新知识，而且会涉及已有知识的操控自动化。新知识的习得不难理解，而已有知识的进一步习得就涉及知识和控制的区别。例如，英语第三人称单数和英语过去时态对于学习者而言都不是陌生的语法知识，但是在口头表达的时候大多数学习者还是会犯错误。也就是说知识的掌握不能等同于自如地实际运用。第二语言习得互动框架下的研究就已经从新知识的习得延伸到已有知识的进一步控制。

控制的非言语任务中双语儿童在元语言意识方面的优势与其双语水平和任务密切相关：在句法意识任务中，较高水平的双语儿童表现出注意控制的优势，即能把注意力更好地、有选择性地指向句子的结构而不是语义；在需要分析的任务中，只有两种语言非常熟练的双语儿童才表现出优势。这些研究结果表明，在学习的不同阶段，儿童的双语水平和任务亦影响其元语言意识的发展。

如果双语儿童的元语言优势是由于双语的学习促进了儿童对语言加工的控制能力，从而使他们在需要注意控制的语言加工任务中表现得更好，那么这种认知能力应该在其他认知任务中也表现出来。不管是平衡双语儿童还是非平衡双语儿童，他们在需要高水平控制的非言语任务中得分显著高于同龄单语儿童，双语儿童的元语言意识的不同成分的表现是不同的。控制优势具有领域普遍性，亦即双语儿童对注意的控制优势不仅在元语言任务中，而且在非言语任务中都表现出来，且不受双语水平的影响。然而双语儿童的分析优势不仅受到双语水平的影响，也受到任务类型的影响。只有那些在两种语言上都达到比较高的熟练水平的平衡双语儿童才在元语言任务中显示了单语儿童所不具有的分析优势。这一结论似乎也表明在学习的不同阶段，双语对认知的不同方面作用也是不同的。

从广义上讲，第二语言习得可以泛指任何一种在母语习得之后的语言（Ellis，1994）。尽管中国的英语教育被看作外语教育，但是就其教和学的过程应该是有某些共同规律可循。在双语学习的利弊争论中，卡敏斯提出的"阈限假说"（Threshold Hypothesis），认为双语学习者的双语能力与其认知水平存在一定的关系。国外其他的实证研究也证明多语学习者在语言习得上比单语者表现出更多的优势，主要体现在创造性思维和元语言意识的发展上（Jessner，1999；William & Hammarberg，1998）。

第二节 阅读理解的模式理论

一 阅读理解模式的理论基础

阅读是人类社会中不可缺少的一种认知活动，是人类汲取知识的重要手段和认识周围世界的途径之一，是学习所有学科的基础，也是掌握外语的重要途径。从 20 世纪 60 年代起，认知心理学和心理语言学的蓬勃发展为阅读研究注入了新的活力。语言学研究的转向和心理过程的研究把阅读研究推到了一个引人注目的高度。其中最引人注目的是，到 80 年代初，许多学者提出的一系列阅读模式，其中影响较大的有四个：高夫（Gough）提出的信息加工模式、古德曼和史密斯（Goodman 和 Smith）的心理语言模式、鲁姆哈特（Rumelhart）的交互模式、亚当斯（Adams）等人的图式理论等。

（一）信息加工模式

高夫（1972）提出的信息加工模式起源于传统的语义学，揭示的是从字词开始的阅读心理过程，因此也被称作自下而上（bottom-up）模式。高夫根据其实验研究将阅读过程描述成一系列独立而又连贯的阅读步骤：字母—单词—短语—句子—段落—篇章。自下而上模式强调信息从低级向高级转换，并在高一级的水平上得到进一步的加工，每一层面上的加工既相互独立又相互联系。持这一理论观点的学者认为阅读过程其实就是一个解码的过程，是一个从识辨最低的语言单位字、词开始到最高的语言单位篇章为止构建意义的过程。根据这一理论，词汇是阅读理解的关键，如果读者想要完全理解篇章的意义，就必须掌握篇章里的每一个单词。所以人们又把这种模式称为基于篇章的（text-based）模式。

这种静态的线性阅读模式一直受到人们的质疑，它只反映了人们逐字逐句的阅读过程，而忽略了人们采取其他阅读策略时的情景。针对自下而上模式的缺陷，史密斯和古德曼提出了一个完全相反的阅读模式。

（二）心理语言模式

史密斯（1975：70）这样评论上述模式："解码假说声称书面语言只有转换成实际的或隐含的语音才能被理解。这个模式在实践上是行不通的，在理论上也是站不住脚的。"他把阅读中所需要的信息分为两个种类：视觉信息和非视觉信息。这两种信息的作用在一定的范围内成倒数关系，一种信息更为充分就意味着对另一种信息需要的减少（1978：5）。古德曼（1967：126）也认为，把阅读看作对一系列的词的知觉，那是把阅读过程过分简单化了。是一种错误的概念。因此他提出了一种依靠读者事先所具有的句法和语义学知识的心理模式，也叫自上而下模式。他本人则称之为"心理语言学的猜谜游戏"。在阅读错误分析研究（Goodman，1969）和阅读中的心理语言学共性研究（Goodman，1970）的基础上，古德曼逐步完善了他的心理模式也叫概念驱动模式。这种模式从高端的信息出发，根据已有的知识，对文章进行推测或假设，然后依据篇章信息对预测或假设进行验证。所以，有人称之为"基于知识的模式"。他用两个相互交叉的椭圆形表示在阅读过程中，由视觉信息开始，通过知觉和句法处理，最后到达意义的过程。他还进而把这个过程分成五个步骤：识别（启动）、预测、证实、修正、结束。他强调背景知识在阅读中的作用，在这一点上他和史密斯可以说是不谋而合。后者坚决反对语音先于意义的说法，认为是先有意义才有声音（1973：77）。在这些持"自上而下"观点的学者看来，意义已经存在于读者的大脑中，读者的视觉对文字的处理只是进一步证实他们的猜测。在这种观点看来，高端的知识似乎起着驱动和指导作用，而读者不过是在提取篇章信息去验证假设（Samuel、Kamil，1998：31）。古德曼的模式产生了很大的影响。有人甚至称之为"自上而下革命"，认为它对人们了解读者的阅读行为起到了极大的促进作用（Eskey，1998：93）。这种模式的局限性也是非常明显的。高端的知识，即史密斯（1978）所说的非视觉信息的作用被过度地夸大了。他们通常强调高端的技巧，诸如通过语境线索或某些背景知识作出的意义预测。而忽视了像词汇和语法形式等的快速和准确的识别这些低端技巧。为了突出流利的阅读是一个认知过程，他们有意地贬低这个过程中知觉和解码方面的重要性（Eskey，1998：93）。韦伯（Weher，1984：113）就明确指出，这种模式难以充分包容重要的实验证据，因此，对于非熟练的读者，尤其是外语读者的阅读过程，该模式的解释力显然有些不够充分。

（三）交互模式

上述两种模式通常被认为是线性的，信息处理需要经过几个非交互式的阶段：每个阶段独立工作然后把处理结果传递给下一个阶段，信息传递的方向是单向的，高端信息无法影响低端的信息处理（Samuel、Kamil，1998：27）。鲁姆哈特（Rumelhart）认为，阅读过程受到五种知识的制约：词汇、正字法、句法、语义和语境。这些知识从高端影响我们对篇章的处理和最终的解释。在阅读过程中，在各种水平上同时产生的各种假设共同构造对于进入的字母串的解释，信息中心是各种信息的交汇处。阅读过程不仅仅是从篇章中提取信息，而是阅读行为激活读者所使用的一系列知识，这种知识又反过来受到来自篇章的新知识的纯化与扩展。阅读被看作读者和篇章的对话。和心理模式相比，这种模式对感知加工，即对不同层次的形式特征的快速、准确的识别赋予了更大的重要性。支持交互模式的许多证据表明，阅读能力较差的人只不过是还没有获得自动化的解码技巧（Stanovich，1980）。因而，不得不在语境猜测上花费更多的加工时间，而心理模式却认为他们缺乏这种猜测能力。对于流利的读者而言，他们不必降低速度对语境进行猜测，因为他们的语境解释技巧不至于造成加工能力的过载。

显然，交互模式的理论能够对阅读过程中的许多现象加以解释。而用信息加工和心理模式来解释则是有困难的。在80年代，鲁姆哈特又对他的模式从平行加工的角度作了新的解释，从而在阅读心理学和认知心理学中引发了大量的引人注目的探讨和研究，其中斯坦诺维奇（Stanovich）的交互补偿模式就是在鲁姆哈特的模式基础上发展起来的，其中心观点是"任何层次的步骤都可以对其他任何层次的缺陷加以补偿"（引自Samuel、Kamil，1998：32），之所以说它是交互式的，是因为在任何阶段，不管在系统中处于哪个位置，都可以和其他任何阶段沟通；之所以说它是补偿式的，是因为它认为任何读者在某种，尤其是更常用的知识源暂时较弱的情况下，都可以依赖比较发达的知识源（Samuel、Kamil，1998：32）。

交互模式得到了许多阅读研究者的赞同。韦伯评论说，交互模式"旨在具有更好的包容性、严密性和条理性，强调了篇章的文字显现，不同层次的语言知识和过程以及各种认知活动之间的相互关系"（1984：

113）。斯坦诺维奇（1980）、优林（Ulijn，1980）、伯菲特（Perfetti，1985）和华尔兹（Waltz，1985）等都对这种模式表达了相似的观点。上述模式的构造者各自从不同的视角和不同的着眼点对阅读过程进行了描述：他们由于选用了不同的研究材料、研究对象、阅读水平和环境因而得出了不同结论，实际上，每个模式描述了阅读的一个独特的方面，这些模式已经被广泛地用在无论是把英语作为母语还是外语的教学中。

（四）图式理论

和交互模式紧密相关且极为接近的是关于知识表征的理论，即图式理论，这种理论的最近发展对当前的篇章理解观点产生了广泛的影响。在阅读研究中，这是影响极大并具有较强解释力的一种观点。巴特莱特（Bartlett，1932）最早在《记忆》一书中使用了图式（schema）一词，指"过去的反应或过去的经验的积极组织"（引自 Anderson and Pearson，1998：39）。逐渐发展和完善起来的图式理论（Anderson，1977；Rumel-hart、Ortony，1977；Adams、Collins，1979；Rumelhart，1980）的基本原则之一是任何篇章，无论是口头的还是书面的，其本身并不承载任何意义，而是向受言人或读者提供指示该如何从他们先前获得的知识中检索和构建意义。读者先前获得的知识叫作读者的背景知识，先前获得的知识结构叫作图式（Carrel，Eisterhokt，1998：76），根据这种理论，我们的知识不是静态的，而是不断重新组织的，在信息的认知加工过程中重新结合到已有的图式中去。无论是信息加工模式还是心理模式，其加工过程都离不开图式知识。威多森（Widdowson，1983：31）认为，图式是一种把信息系统地储存在长期记忆中的认知结构。阅读理解的突出特征是，以基于篇章的加工过程和以知识为基础的加工过程的相互作用，而后者和存在于读者大脑中的背景或图式紧密相关。在这个交互作用的过程中，读者要把篇章材料和自己的知识相关联，无论是单个的词、句子还是整个篇章的理解都不能仅仅依赖语言知识。理解的过程受这样一个原则的主导：每一条输入都映射在某个已经存在的图式上，该图式的各个方面与输入信息均兼容。这里面又包含了信息处理的两个基本方式：自下而上加工和自上而下加工。前者由输入的数据启动，数据特征通过最佳匹配的底层图式和系统融为一体。图式呈等级结构，最概括的位于上层，最具体的位于下层。当下层图式和高一级的图式相汇合时，高一级的图式便被激活。而自上而下加工则是以高一级的较概括的图式为基础作出概括性的预测，然后在输入的信息中加以搜寻并结合进高等级的网式中去（Carrell、Eisterhold，1998：77）。

在研究背景知识对阅读理解的影响时，通常区分出两种图式：一种是修辞图式（rhetorical schema），即关于不同种类的篇章的修辞组织结构的背景知识；另一种是内容图式（content schema），指的是关于篇章所描述的内容领域的背景知识（Carrell，1998：79）。在阅读中倘若读者未能激活适当的图式，修辞的抑或内容的，都会造成不同程度的理解障碍。这里有两种情况：一种是由于作者在篇章中提供的信息不足于让读者启动自下而上的加工模式并进而激活读者已有的图式；另一种是读者不具有作者所预期的那种图式。在阅读研究中后者才是阅读研究者所关注的对象。根据安德森（Anderson，1977）、约翰逊（Johnson，1981）和卡洛尔（Carrell，1981）等的研究，篇章所预设的隐含文化内容知识和读者所具有的文化背景知识内容相互作用从而使基于读者本身文化的篇章和句法比基于更生疏的文化的篇章更容易理解。在对修辞图式的研究中，卡洛尔（1984）的实验表明，在内容为常量的情况下，改变修辞结构会明显地影响到第二语言的理解。但是，从某种意义上说，读者理解篇章所使用的知识图式比篇章的结构和模式要重要得多。

（五）话语分析理论

上述四种阅读模式只涉及了阅读的两个参与者：篇章和读者。虽然这两者是阅读过程中必不可少的角色，但似乎还不够周全。随着语言学的深入研究，尤其是语义学和语用学的发展，话语分析理论登上了阅读研究的历史舞台。话语分析也被称为语篇分析，这一术语是哈里斯在1952年发表的论文《语言》中首次使用的，此后成为现代语言学的专门术语被广泛使用。话语分析学者从各自不同的语言观念和理论侧重，对话语进行了不同侧面的观察和分析。威多森（1979）从话语功能的角度出发，认为话语分析是对"句子用于交际以完成社会行为的研究"，强调话语的交际功能。布朗（Brown）和尤尔（Yule，2000）则认为话语是一个过程，是说话者或作者在某个语境中用来表达自己意思或实现自己意图的词、短语和句子；话语分析是对使用中的语言的分析，它不仅是探索语言的形式特征，更是对语言使用功能的研究。话语分析的研究一方面分析了超句话语和社会交际的结构形式，另一方面揭示了谈话双方在语境中理解意义的过程。话语的含义主要依赖于语境，话语与语境相互依存。同时，任何体裁的话语或语篇都必须合乎语法并且语义连贯，既包括在语义上和语用上的连贯（话语的宏观结构），也包括话语内部在语言上的连贯（话语的微观结构）。

话语分析理论较客观地揭示了语言的本质和规律。以话语分析为基础的阅读模式认为阅读过程是语篇、读者和作者三者之间相互交流的过程。作者通过语篇的微观结构和宏观结构向读者传达写作意图和信息，读者则通过话语分析手段达到理解语篇的目的。话语分析阅读模式不仅注重语言的形式和功能，也强调背景知识对阅读的影响，它侧重从语篇的整体出发分析和理解语篇信息，揭示出阅读的本质是一个动态的交际过程。

二　儿童阅读能力发展阶段的理论

阅读是获得知识的重要途径，是一个复杂的技能系统，包括各种感知和认知过程，如视觉、正字法、语音、语法、语义和语用加工。阅读发展阶段论认为，阅读发展可以分为一系列不同的阶段，不论使用的是何种文字，都要以相同的顺序经历这些阶段。弗思（1985）将阅读发展分为三个阶段，并以阅读学习中采用的三种策略来分别标识这三个阶段，即表意符阶段、语音阶段、正字法阶段。表意符阶段，儿童将词汇看作不可分解的图像。随着阅读经验的丰富，儿童开始意识到字母和声音之间的系统联系。这一阶段语音意识出现，并开始影响阅读。当阅读技能自动化后，儿童逐渐进入最后一个阶段，这时主要通过获取和利用正字法知识来识别词汇。弗思指出正字法策略不同于表意符策略，正字法策略是以系统方式解析词汇，而且对词汇的识别是基于抽象的语素单位，而不是凸显的形象特征。弗思（1985）的阅读发展理论认为，儿童阅读能力的发展阶段如下。

（一）字符阶段（logographic phase）

此时儿童将字词作为一个整体的视觉图形来记忆，在此阶段中，儿童获得的词汇大多数是表示具体事物或概念的词。儿童通常在掌握前几十个词时采用的是这一策略。但随着词汇量的增加，相似词越来越多，字符策略越来越无效。

（二）拼音阶段（alphabetic phase）

儿童掌握和运用字形—音位（grapheme phoneme）对应规则（GPR）来识记字词。由于掌握了字形—音位规则，儿童的词汇量迅速增加。明确语音意识是儿童从字符阶段向表音阶段发展的关键因素。如果儿童的语音意识滞后，其阅读能力将留在字符阶段，他不能运用字形—音位规则来迅速对字词再编码，而是继续依赖字符策略来识别字词，阅读的效率就会受到影响。弗思认为，"发展性阅读障碍"表现为儿童的阅读停留在第一阶段，不能顺利进入第二阶段的发展性滞后。

（三）字形阶段（orthographic phase）

此时儿童可以不借助或较少借助语音知识，直接将词语分析为基本的字形单元，从而达到识别的作用，即：read by sight，阅读速度极大提高。弗思认为，如果儿童的阅读停滞在第二阶段，只会对其阅读的速度和流畅性造成影响，拼写所受的影响要比阅读所受的影响大。

三 元语言意识与阅读关系的理论

熟练阅读理论强调有效的单词识别在阅读理解能力发展中的重要作用（Stanovich、Nathan & Zolman，1988）。虽然一系列的语言技能对于书面阅读理解是非常必要的，但是不同的单词编码技能会导致不同的阅读理解行为（Stanovich，1985）。因此可以说，无效的单词编码技能是低水平阅读者阅读理解问题的核心。研究人员发展了一系列的模型来解释单词识别技能。在以往的文献中占主导地位的模型是"双通路模型"（dual-route model）（Ehri，1992；Gillon，2004）、词汇重组假设（lexical restructuring hypothesis）（Hamilton，2007；Hogan，Bowles，R. P.，Catts，H. W. & Storkel，H. L.，2011；Walley，2003）和"联结主义模型"（Gillon，2004；Seidenberg，1989）。对于这些理论及相关理论的理解有助于为在单词水平探讨元语言意识如何影响单词加工能力提供理论基础。

（一）双通路理论

双通路理论如名所示，是指在阅读加工过程中对单词识别具有两条路径：语音通路和视觉通路（Ehri，1992；Gillon，2004）。语音通路通过一系列次加工技能实现对正字法形式和语义的通达。第一个次加工技能为形音对应关系的分析。这一加工涉及对单词中字母或字母群及与其相对应的个体音位的分析（如"th"，有两个字母组成却只有一个音位）。第二个次加工技能是形音对应关系的转换，即对单词语音的通达。这一加工过程涉及对工作记忆中保存的音位进行编码并将音位与完整的语音表征相匹配。一旦语音表征被通达，单词的含义也被识别。另一条可以用来通达单词含义的通路是视觉通路。视觉通路独立于语音加工并允许阅读者将单词的字形与单词的含义直接建立联系。正字法形式、字母线索、字母范式的合理性都可以用来通达在记忆中储存的单词正字法表征，然后通过整个单词的正字法表征通达单词的含义（Gillon，2004）。不同的阅读者所采用的通路是不同的。艾瑞（Ehri，1992）提出语音加工在以视觉通路识别单词的加工过程中依然起到重要的作用。

（二）词汇重组假设

词汇重组模型假定语音意识是词汇表征片段重组的产物，是儿童词汇迅速增长的结果（Hogan、Bowles、Catts & Storkel，2011）。婴儿/幼儿期心理词典中词汇表征是自然的整体呈现，并且在儿童早期至中期逐渐变得更加精细和明确。这种重组过程是长时间的，因为它依赖于词汇的增长，即重组过程的发生是不一致的。而词汇的增长来源于个体单词情况的变化即单词的熟悉度和语音熟悉度（Walley，2003）。随着词汇量的不断增长，越来越多的词汇片段表征使得儿童能够越来越好地区分音位。因而词汇结构调整模型假定两个基本的概念。首先，语音系统重新组合的原动力是词汇的发展。其次，语音结构的重组表明语音意识敏感度的增长。

与词汇结构调整相一致，研究表明儿童语音意识的发展的两个维度中，其中之一就是语言学的复杂性，如儿童在能够识别和操作首音和尾音之前，先能识别和操作音节，而对首音和尾音的识别先于对个体音位的识别和操作（Anthony、Lonigan、Driscoll、Phillips、Burgess，2003；Durgunoglu，1999）。语音意识的发展范式反映了词汇的语音结构重组的范式。与词汇结构重组模型相一致的是研究发现词汇与语音意识正相关（Chiappe，2004；Metsala，1997）。

（三）联结主义模型

联结主义模型受到塞登伯格（Seidenberg）和麦克莱兰（McClelland，1989）模型的影响，此模型强调语音信息在单词识别中的作用。他们认为对于规则或是非规则单词的加工都是以相同的方式进行的，即通过阅读者高度联结的正字法、语音和语义知识。在联结主义结构模型中语音知识是以下加工的必要条件：（1）不熟悉的单词，（2）能够进行形音加工的单词，（3）有规则可循的单词。联结主义模型并没有对形音规则习得的具体表征，而是认为形音之间准确的联结是学习加工开始的特征。联结主义模型认为口语和书面语的连接关系是通过正字法、语音和语义加工呈现的活动范式逐渐形成的。如阅读单词"ship"时，书面单词需要激活适当的语音表征。这种转换过程是通过正字法、语音和语义之间的激活和抑制实现的。换言之，单词包含字母，而这些字母所代表的声音以及个体词汇知识之间的联结是必要的。在阅读学习的早期，当个体语音知识有限时，单词"ship"的正字法形式可能激活任何以/s/开头的语音表征。通过学习，具体的字形与音位之间的联系增强，语音信息的激活能力也随之增强，这时只有与正字法范式相近的语音表征能够被激活。最后，通过不断的学习，可以通达单词"ship"所有的语音表征。正字法、语音和语音之间正确联结的不断增加将有利于抑制其他的联结。联结主义模型认为熟练的阅读者能够运用单词语音结构知识对规则或不规则的书面单词进行识别（Gillon，2004）。

第三章

元语言意识的研究领域

元语言意识包括语音意识、语素意识、句法意识和语用意识。元语言意识的研究领域主要从语音意识、语素意识和句法意识的发展与阅读理解的关系着手进行研究。

第一节　语音意识

语音意识（Phonological Awareness）是元语言意识研究领域中最受广泛关注至今仍为许多研究者所感兴趣的领域。但到目前为止，对于语音意识还没有一个统一的定义。每个研究者往往根据自己的研究目的或内容进行操作性定义，出现了反映语音意识不同方面的众多定义。

一　语音意识的定义

虽然在过去的几十年间语音意识得到了广泛深入的研究，但是迄今为止对于语音意识的本质结构并没有统一的界定。安东尼（Anthony）等人（2004）对近几十年文献中出现的一系列语音意识的定义作了总结。他们认为每一个相对独立的定义都属于一个连续统一体。这一连续统一体中的每一个定义在一定程度上是基于语音技能的不同类型。

对于语音意识最为严谨的定义为：语音意识是对言语抽象表征有意识的反映。莫莱斯（Morais，1991）的定义，认为语音意识是对言语的语音特性和构成成分的有意识的表征，它分为整体性语音意识——对言语整体的语音特征的意识（如语音长度、韵脚等），以及分析性语音意识——对语音结构的分割与操作（语音可以分割成音节、音位和音素等）。这种定义是把语音意识看作一种表征。把语音意识视作认知技能或能力。像科莫

（Comeau）等人（1997）把语音意识界定为一组特殊的元语言技能（met-alinguistic skills），通过这些技能儿童展示自己对词的声音结构的敏感性（例如，数词中音节、音位或删除词中的音节、音位）。而丁朝蓬和彭聃龄（1998）的定义则更直接：反映和控制言语的语音片断的能力。这一定义的操作技能是只包含音位水平的技能（Anthony、Lonigan，2004）。研究者认为语音意识之所以只包含音位水平的技能是因为音位和音节有着本质上的区别。音节是听觉的标记，有相对的物理振幅，而音位在言语声音的光谱图中没有物理模型。音节是言语声音中最小的可独立发音的单位，而音位由于协同发音的原则难以进行分割。儿童能够说出独立的音节，因此在将单词分割为音节时不需要反应抽象的表征（Tunmer & Rohl，1991）。约普（Yopp，1988）对如音位合并、音位计数、音位删除、韵律识别、音位分割、声音分离、词—词匹配、音位倒转等十项已有的语音意识测试任务进行了信效度的检验，96 名儿童参加了测验。主要因素分析表明语音意识测验有两项高度相关的因素，即押韵能力和音位意识能力。约普（1988）指出"押韵能力只是最小限度地参与这些因素。押韵任务可能与音位意识任务挖掘出不同的能力。因此在对语音意识进行定义时要慎重考虑是否将押韵任务纳入其中"。音位合并、声音分离及音位计数任务属于第一个因素，而删除任务属于第二个因素，需要更多的加工。卡罗尔（Carroll）等人（2003）的研究支持了这一观点。他们对 67 名学前儿童进行了短期的纵向研究。在一年之中对这些儿童进行了二次追踪以检验他们的音节、尾音和音位意识的发展。一般而言，儿童的尾音意识比音位意识发展较早。结构方程模型表明声音技能，即音节意识、尾音意识技能对后续的音位意识有预测作用。因此他们认为音节意识技能和音位意识技能是两种不同的能力。艾迪耐斯（Aidinis，2001）对希腊语儿童的研究表明音节意识和音位意识对于希腊语阅读习得具有显著的独立贡献。他们的结果支持了语音意识是多因素结构的概念。

　　较为广泛的语音意识定义是在语音意识结构中，除了音位意识技能外还包括所有的次音节技能（Anthony、Lonigan，2004）。特雷曼（Treiman）等人（1991）提出语音意识是从音节到次音节水平再到音位水平的发展过程。换言之，在儿童对单词进行音位水平的分割之前先具有将音节分割为首尾音的能力。格斯瓦米（Goswami）等人（1990）的研究支持了上述的观点。他们认为儿童语音的判断受到首音和尾音区分的影响。在儿童能够执行音位意识任务之前，他们能够区分单词是否具有相同的首音或是尾音。因此一种观点认为语音意识是由三个水平：音节意识（意识到单词"cowboy"由两个音节组成）、首尾音意识（首音是指单词开头的辅音或辅音群，尾音是指除首音外的元音和其后的辅音或辅音群。首尾音意识是指意识到单词如"plan"的首音为/pl/，尾音为/an/）和音位意识（如意识到单词"cat"有三个音位/k/ - /ae/ - /t/）组成的。

　　另一种观点是语音意识是对言语声音片段的敏感度以及反映和操作能力（Tunmer & Rohl, 1991）。尼斯德勒（Nesdale）等人（1984）的定义是年幼儿童能够分割口述词成为各个语音音位以及把这些单位综合起来成为一个词的程度。按照这种方式，这种技能对于高水平的语言加工过程不仅是基本的，而且也是语言的口头运用的各种技能的基础。这种定义不仅指出了语音意识的结构特征，还明确了操作或运用性质。特雷曼（1987）认为语音意识不是一个具有单一含义的概念，可以被定义为对口语中任意一种语音单位的意识。语音单位一般包括音节、音节内的单元（intrasyllablic unit）、音位及单音（phone）等。此种定义清楚地指出了语音意识所涉及的结构，并进行了具体的描述。后来孔唐（Content）等人（1986a）及伯特森和格尔德（Bertelson & Gelder, 1991）做了进一步的界定：语音意识是指个体把口头言语分解成更小的声音单位并在心理上加以操作的能力。这种分析与操作是有意识并外显的，由此构成了元语言知识的一种形式，而且不一定涉及自然言语知觉或短时记忆过程。这其中，麦克布莱德昌（McBride-Chang）等人（1997）的定义是近来比较有代表性的，他们指出，所有语音意识任务都一致地要求被试识别并运用语言的声音结构（the sound structure of language）。如果处于语言学上最难的水平，语音意识涉及识别与运用音位的能力（即音位意识），它就要求个体能够识别并运用语言中每个言语声音。因此，语音意识是注意到言语单位（如音位、首韵及韵脚、音节）并加以运用的能力。

　　贝尔奈姆（Behrnamm, 1995）提出"对于语言声音的识别和操作能力就是语音意识"。亚当斯（1990）将语音意识描述为五个水平：初级水平——对童谣知识的检验，除对单词的听觉外不涉及其他能力；二级水平是奇异任务。此项任务要求儿童能够有条理地比较和对比单词声音的尾韵或头韵；这一任务不仅要求对单词声音相似性和差异性的敏感度，更要求有对声音相似或差异成分的注意能力；三级水平是对音节的合并和分离，这一水平要求儿童能够较为清楚地理解单词可以被拆分为更小的，相当于音位的无意义的声音。之后，儿童能够熟悉个体音位的产生方式；四级水平是音位分割能力，儿童能够完全理解单词是由一系列的音位组成的，并且能够对其进行分析；最高水平是对音位的操作能力。儿童熟悉单词的音位结构，并且能够对音位进行添加、删除或移动。

关于语音意识结构的探讨是有关其包容性定义（Anthony，Lonigan，2004）。根据斯坦诺维奇（1992）的研究，语音意识可以被定义为一个从"浅层"意识包括大的语音单位到"深层"意识包括小的语音单位的连续体。这一宽泛的定义得到了多数研究者的支持。史奈特施内德（Schatschneider）等人（1999）运用项目反应模型（IRT）来区分语音意识的维度。项目反应模型中共有7个任务105个项目，被试为945名从幼儿园到小学2年级的儿童。从项目反应模型获得的结果表明这些任务对于儿童语音意识技能提供了不同的信息。结果表明运用这些任务测试的语音意识是一个单一维度的结构，这些任务能够以发展的方式对语音意识进行测试。孚娄得格莱文（Vloedgraven，2009）等人的研究支持了这一观点。他们对1405名从幼儿园到小学四年级儿童的五种不同项目的测验结果表明语音意识是跨任务和跨年级的单一结构。

综上所述，对于语音意识结构的诠释至少可能涉及两个方面（Jason & Anthony，2004）。一方面语音意识的结构可以指语言水平的复杂程度，即目标单位的大小可以分为单词、音节、首音、尾音和音位水平。研究已经表明儿童对于越来越小的语音单位变得更加敏感。另一方面语音意识的结构可以指这一外显意识的程度及认知操作的不同类型。正如儿童的行为依赖语言水平一样，儿童的行为也依据任务的认知要求。一些语音意识任务比另一些任务需要更深层的意识。例如研究发现虽然对单词进行音位水平的操作是困难的，但是音位合并任务要比音位分割任务更容易（Vloedgraven，2009）。

如果将上述几个方面与近年来的研究结果综合起来，可以把语音意识界定为：语音意识是指个体对口语声音有意识的注意和操作的能力，它由音节意识、首尾音意识和音位意识组成；语音意识中涉及语音分割（将整词根据其声音成分进行拆分）、合成（将独立的声音组合在一起构成一个单词）和对声音识别（不同声音的判断）等能力。

二 语音意识的研究方法

(一) 用于测量语音意识的任务

有关语音意识方面的大多数研究都是研究者运用自己编制的或借用他人已有的形式编制的实验任务去评价语音意识。从目前文献中可以找到大量测量语音意识的任务。这些任务的复杂性与形式各不相同，从对音节意识的测量到音位意识的测量；对押韵的判断到对第一个声音或中间声音的分割或混合等。例如，要求年幼儿童判断词的押韵（Bryant，1989）；敲击出一个无意义词的音节数（Wagner，1987）；替换词中的第一个音（Stanovich，1984）等，总的来看，目前用于语音意识测量的任务类型可以分成三大类：

1. 语音综合（phonological synthesis）——这类任务的起点是要求儿童把词的音节加以组合（例如，pen + cil）；然后，要求儿童组合头韵及韵脚，最后是单个的音位（McBride-Chang，1997）。其中一个有代表性的任务为音节或音位混合，即向儿童呈现一组音节或音位，要求儿童说出由此组成的词。例如，"/win/ 和/do w/加起来发什么音/是什么词？"

2. 语音分割（phonological segment）——这类任务要求儿童分割声音。起点是儿童分割组合词；然后要求分割音节；最后是音位的分割（Mc Bride-Chang，1997）。这其中有代表性的任务有三种：语音删除、语音分离、语音计数。

*语音删除/省略：被试按要求对删除某个语言音位后的剩余部分作出反应。例如，实验者说："听我说 sat，现在不说/s/，该怎么说？"或"听我说 cowboy，现在不说/boy/，该怎么说？"

*语音分离/分割：被试按照要求说出词或短语中的某个语音单位，或把整个词或短语分割成某个语音音位。例如，实验者说："basket 开始的音是什么？"或者"听我说 bath，现在请你说出 bath 里的每一个音。"（有些研究者把其分成两项，前者为分离，后者为分割）

*语音计数：要求儿童数出某个词中的音节或音位数。例如，crash 中有几个音？

3. 声音的觉察（sound detection）——声音觉察可以在奇异任务中进行测量，即向儿童呈现 3—4 个词，这些词中有一个在音节、押韵、首音或音位上不同于其他的词，要求儿童判别或说出那个不同的词。例如，实验者要求儿童判断"duck，dog，book 三个词中哪个词在开头的音上与其他的的不同?"

也可以在比较任务中进行测量，即向儿童呈现两个词，要求儿童说出在第一个词中听到但却没有在第二个词中出现的声音。例如，实验者要求每个儿童说"blue pie"，然后问"你在'blue pie'中听到的哪一个声音在'blue eye'中没有听到?"（正确的回答是/p/）。

从这三大类型看，语音意识任务所涉及的维度至少有三个方面：（1）语音意识的成分，如音节、押韵（或首音—韵脚）与音位；（2）儿童的反应方式，如判断/选择、口头反应；（3）任务中涉及的认知能力，至少有分析能力与综合能力两个方面（Yoop，1988）。还可以再结合语言学上的复杂性，如需要判断的语音在开头、中间、结尾，或需要判断的语音是单个辅音，还是成组的辅音等。

因此，在语音意识上的作业水平可能不仅仅反映语音意识的成分，可能会与反应方式与语言学的复杂性有关（Adams，1990；Stahl & Murray，1994）。尽管研究者在研究中所用的语音意识任务、反应方式等方面各不相同，但在语音意识测量的方式上有三个基本成分是一致的（McBride-Chang，1995）：被试必须先听一个或几个口头呈现的单词或无意义词（nonsense words），要求被试重复这些刺激以便主试能够确认刺激被正确地接受。[对于一些特殊的被试，如年幼儿童、不熟悉目标语言的儿童等，不总是如此（Bryant，1989；Wagner，1987）。] 要求被试对口头呈现的刺激进行操作。例如，会要求年纪较大的被试去识别某个刺激中的一个音位（例如，在 velf 中，哪个声音在/f/之前），或在删除某个音位后重复那个刺激（例如，说 cat 时不能说/k/的声音）。对于年幼儿童，往往是呈现三个单词（例如，fish，fin，cap），要求儿童选择一个不同类的刺激，就如 Bradley & Bryant（1985）的奇异任务（odd one out）测验。要求被试对特定的刺激作出反应。从本质上说，任何语音意识任务都需要反应是言语性的。即言语刺激中的声音才是获得答案所考虑的。有时，只要求年幼儿童指出正确的刺激，正如在奇异任务中一样（Bryant，1989），或以其他方式表明（例如，用纸笔），正如陶金森（Torgesen）等人（1992）所用的语音意识测验一样。然而，大多数的测验是让被试进行口头回答。

（二）语音意识的结构

从前面的综述中可以看到语音意识研究中测量任务多样化的特点。这些任务不仅在所测量的语音结构上不同，而且所用任务在语言的复杂性上也不同。一些研究者企图考察这些测量任务中所涉及的潜在能力，但遗憾的是，即使是这类研究，研究者之间仍没有一致性结论。主要的争执在于众多语音意识任务测量的是一个因素？还是两个或两个以上的因素？

1. 单一因素的观点

斯坦诺维奇等人（1984）是首先进行这方面研究的。他们运用探索性因素分析考察了用于49名幼儿的10项语音意识测量任务。这些任务包括3项押韵任务及7项音位操作任务（需要操作的音位位于目标词的不同位置上），7项任务中的5项要求被试对两个词的第一个或最后一个音位进行比较，判断这些音位是否相同。对此，10项任务的因素分析只揭示了一个因子，它解释了所有任务的48%的方差，而7项音位操作任务具有最高的负荷。但在这个研究中，儿童在押韵意识的测量上处于天花板效应，因此押韵意识独立于其他语音意识的可能性并不能被排除。但瓦格纳和陶金森（Wagner & Torgesen，1987）以伦德伯格（Lundberg）等人（1980）的数据为基础进行的因素分析得出的结论也是单因素模型能够提供更好的匹配。

斯泰尔和穆雷（Stahl & Murray，1994）的一个研究也为语音意识可能是单维度结构的观点提出了证据。他们在平衡了语言学的复杂性后考察了四个不同的语音意识任务——删除（deletion）、分离（isolation）、混合（blending）和分割（segmentation）。他们的研究对象为113名幼儿及小学一年级的儿童。此外，每个测验中的项目都考虑到了四种不同的语言学复杂性——首音—韵脚、元音—结尾、词首辅音丛和词尾辅音丛。如果项目是按照任务分组，最大的一个因子解释了73%的共同方差；如果项目是按语言复杂性分组，最大的一个因子解释了82%的方差。

2. 两个或更多因素的观点

并不是所有研究者的研究都得到单一因素的结果。例如，约普（1988）曾对10个最常用的语音意识任务进行主成分分析。这10个测验包括音位删除、混合、分割、辨认和计数以及测量押韵与声音比较的测验。她用这些语音意识测验测量96位幼儿。约普发现有一个较大的因子解释了59%的方差，还有一个较小的因子解释了9%的方差。音位分割、混合、声音分离及音位计数任务负荷于第一个因子上，而音位删除的两个测验在第二个因子上的负荷较大。但这两个因素之间有较高的相关性。更重要的发现是，押韵任务在这两个因素上的负荷都非常小。因此，约普推测押韵任务测量的是一种与音位意识任务完全不同的能力。此后有一些研究者确实证实了约普的推测。其中有代表性的是赫恩（Hoien）等人（1995）对挪威的学前及一年级儿童完成一系列语音意识测验的分数进行了主成分分析，结果揭示了三个相互独立的因素：音位因素、音节因素及押韵因素。

至今为止最为全面的有关语音意识结构的分析研究之一是由瓦格纳等人（1993）进行的。他们的研究提出了另一种观点。

瓦格纳等人（1993）运用验证性因素分析探索了不同的因素结构，这些因素结构可以解释语音意识任务之间的协变（covariation）。他们所用的语音意识测验包括了音位删除和分割、声音分类与分离及三种混合任务。被试为95位幼儿及89名小学二年级学生。运用验证性的因素分析方法，他们发现最适合7项语音意识任务的因素模式是一个双因素相关模式（a two-factor correlated model），在此，3项混合任务代表着一个语音综合因素（a phonological synthesis factor），而其他4项任务代表着一个语音分析因素（a phonological analysis factor）。这个相关的两因素模式很好地与幼儿及小学二年级的样本相匹配，即使这两个因素之间的相关性是非常大的（幼儿为0.88，二年级样本为0.87）。

另外，瓦格纳等人（1994）还在一个较大的语音加工过程与早期阅读技能的模式中检验了上述的双因素语音意识模式，这是一个由244名从幼儿到小学二年级学生参与的纵向研究。尽管研究者并没有重新评估语音意识的双因素模式，但语音分析与语音综合之间的高度相关是明显的（幼儿样本为0.78，小学一年级样本为0.86；这个研究并没有报告二年级样本的相关）。此外，瓦格纳等人把分析与综合这两个语音结构用于对阅读译码的纵向相关检验中。他们发现，只有幼儿时期的语音分析预测了一年级阅读中的一个独特部分方差，而一年级的语音综合分数唯一地预测了二年级的阅读。随着样本中的这些被试进入小学三、四年级，瓦格纳等人（1997）发现，语音分析与综合之间的相关在三年级达到的完全相关（为1.0）。通过此，研究者认为对于研究中的所有年级来说（从幼儿到小学四年级）语音分析与综合代表着一个单一的、二级的潜在因素。

总之，大量的有关语音意识结构的研究表明，那些被认为测量语音意识的许多不同的任务可能具有较大的共同方差。尽管如此，到目前为止，语音意识因素结构的实际本质仍然是模糊的（Muter，1997），还需要大量的补充与验证性研究加以证实。

三　语音意识的研究领域

（一）拼音文字体系中母语语音意识的研究

近三十年来语音意识在英语国家得到最为广泛且深入的研究，而且，语音意识研究中的绝大多数研究者都热衷于探讨语音意识与阅读发展的关系，即使在其他语言（如法语、意大利语、西班牙语、挪威语、瑞士语、希伯来语，甚至是汉语）的研究中也不例外（例如，Alegriaet，1982；Bruck，1997；Elbro，1998；Lundberg，1988；Sprenger-Charolles，1998；Wimmer，1993；Hoien，1995；Ben-Dror，1995；So & Siegel，1997）。与此相比，对于语音意识的发展本身却较少注意，但研究的结果似乎比语音意识与阅读关系的研究更为一致。

1. 语音意识发展的理论假设

对于语音意识结构各成分发展上的次序性，研究者运用不同的假设进行解释。

第一个假设被称为独立发展的假设（the development independence hypothesis），此假设认为儿童在完成韵脚、首音和音位意识等任务时所涉及的能力的发展速率对应于儿童的与任务有关的经历的数量。进一步说，组成语音意识的能力是彼此独立的，某一技能上的发展（如韵脚觉察）对其他技能发展（如最后音位的觉察）的影响甚少，其决定因素是儿童所接受的练习或训练等。支持这一假设的一个证据是韵脚意识先于其他语音意识而发展是由于儿童在早期接受了大量的押韵游戏及与此有关的练习（Treiman & Zukowski，1990）。

第二个假设被称为渐进发展的假设（developmental progression hypothesis），此假设认为语音意识的发展始于最简单的形式，然后朝着更为复杂的形式迈进。根据这个观点，韵脚意识是语音意识发展的基础或必要条件。押韵在年幼儿童的许多经历中都可以看到（如幼儿园时的押韵活动、游戏和歌曲等），因此这对于儿童来说是比较容易的任务。

首音意识在韵脚意识基础上建立起来。认识到押韵的意义在于理解押韵的词具有共同的韵脚但却没有相同的首音（例如，"sit"和"kit"）。儿童具备了首音—韵脚意识后就朝音位意识发展，而这种意识来自与印刷文字有关的经历（学着去阅读或识字）。因此这一观点认为在儿童能够发展起其他语音意识技能之前必须获得韵脚意识的某种水平（Bryantet, 1990；Cisero & Royer, 1995）。

布莱恩特（Bryant）等人（1990）曾在一个纵向研究中验证了渐进发展的观点。他们要求四岁儿童完成押韵（韵脚）和首音觉察任务；然后当这些儿童五岁时还要求完成三个音位任务（删除第一个声音和最后一个声音、音位计数）；到他们 6 岁时，要求他们完成一些阅读与拼写测验。回归分析表明在控制了年龄、性别、词汇和社会背景的因素后，觉察押韵（或首音）的能力是音位意识的重要预测源；而音位成绩可以预测继后的阅读成绩。由此看来，韵脚与首音意识似乎与音位意识有因果关系，还直接影响着随后阅读能力的发展。而西塞罗和罗耶（Cisero & Royer, 1995）在"语音意识的发展及其跨语言迁移"的研究中，证明了说英语与说西班牙语儿童在英语及西班牙语的语音意识发展中存在着一种固定的次序，即语音意识各成分发展的渐进性。

2. 语音意识发展模型理论

一般而言，语音意识是指对单词声音成分的识别和操作的能力，这种能力与句法含义无关（Cassady, 2008）。大量的证据表明语音意识是一个由基本语音技能向高级语音技能发展的连续统一体（Adams, 1990；K. E. Stanovich, 1992）。斯坦诺维奇（1992）认为语音意识是从对大的语音单位的浅层敏感度到小的语音单位的深层敏感度的连续统一体。语音意识的发展是一个从低级能力向高级能力发展的过程。在发展的最初阶段，语音意识所体现出来的是对大的语音单位如单词或是音节的识别能力。在其后的发展阶段，语音意识所表现的是对小的语音单位如音位的操作能力。浅层或基本的语音意识技能为高级或深层语音意识技能如音位意识的发展奠定基础。

约普（1988）是较早提出语音意识发展模型概念的人之一。约普（1988）对十种语音意识任务进行了检验，并提出了语音意识发展的五个不同水平。在这五个水平当中，任务难度等级从低至高不断增长：先是押韵技能的发展，之后是音位合并技能，音位或声音分离技能，最后是音位分割和音位删除技能。在约普（1988）之后，亚当斯（1990）提出了更为广泛的语音意识发展五级水平概念（如前所述）。Schatschneider（1999）运用项目反映模型提出了一个更为全面的语音意识发展的概念。

他们认为这些数据表明语音意识可以被逐级分为六个难度等级，主要是通过音位操作所需的能力的等级划分的：一级水平是对头韵的敏感度或是识别单词开始声音相似性的能力；二级水平是合并首音和尾音形成新单词的能力；三级水平是将个体声音或音位合并以形成新单词的能力；四级水平是删除音位并说出剩余单词（可能是非词）声音的能力；五级水平是将整词分割为音位或声音的能力；六级水平是识别合成非词的有关音位的能力（Cassady，2008）。

上述语音意识发展模型的概念是以语音意识测试任务难度进行区分的，如声音合并或删除。然而，这些概念模型在一定程度上混淆了任务难度与语言学复杂程度（Stahl，1994）。基于此种原因，研究者提出了以语言学复杂程度为基础的概念模型。语音意识语言学发展的观点由哥斯瓦米（Goswami，1990）提出，即儿童对于语音单位敏感度的发展与单词结构的等级模型极为相似。具体而言，儿童对于语音单位敏感性的发展进程是以声学刺激的物理特征为基础的（如单词，音节），是从大单位到小单位的发展过程（即首音和尾音，尾音和高峰，最后是次音节单位中的个体音位）。首音是指单词的首辅音或是首辅音群，而尾音是指单词中除首音外的元音及其后的辅音或是辅音群，也分别叫作高峰和尾音。

已经建立起来的一些模型用于讨论这些语音意识技能的发展顺序。哥斯瓦米（2000）认为语音意识发展简单的规则是从表层语言技能（epilinguistic skill）到元语言技能（metalinguistic skills）发展的过程。表层语言技能包括音节和尾音，是最初水平，是在交流中自然的无意识的语音加工。而元语言技能指音位意识，是需要外部因素支持的人为技能，如读写训练。齐格勒（Ziegler，2005）等人进一步提出了心理语言学纹理理论（psycholinguistic grain size）用以解释语音意识发展模式。

齐格勒（2005）的心理语言学纹理理论强调跨语言系统和跨视觉、听觉领域的不同纹理的发展与使用。纹理（grain size）指正字法的透明程度。具体而言，纹理指与阅读习得相关的语音和正字法的区别。他们指出，语音倾向于大的纹理结构，而正字法倾向于小的纹理结构。换言之，儿童首先接触的是口语语音。此时儿童语言发展最突出的语音线索是大的纹理单位，如音节和首尾音。当儿童开始学习阅读和拼写时，小的纹理单位起到更显著的作用，字母成为最突出的语音单位。因此，他们认为儿童对于声音单位敏感度的发展是按照单词结构递阶模型发展而发展的，如图

3 - 1 所示。换言之，在控制任务难度后，儿童单词水平技能的发展先于音节水平技能的发展，音节水平技能的发展先于首尾音水平技能，首尾音水平技能的发展先于音位水平技能的发展。

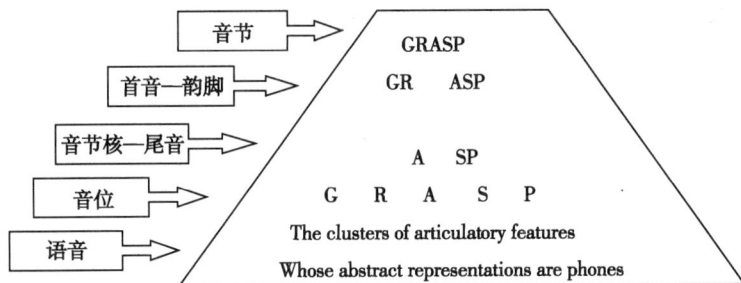

图 3 - 1　不同心理语言学纹理理论单位示意

3. 语音意识的获得与发展特点

拼音文字国家中有关语音意识发展的研究着重于语音意识结构中不同成分的获得。例如，哥斯瓦米和布莱恩特（1990）认为语音意识由三种形式组成，每种形式对应于把词分割成声音的一种方法。分割词的第一种方法是把词分割成音节，相对应的语音意识形式就是音节意识（syllable awareness）。由于音节是最容易识别的言语音位，因此音节意识是最为基本的技能。分割词的第二种方法是把词中每一个音节分割成音节内单位（intrasyllablic units），如首音（onset）或韵脚（rime），对应的就是首音—韵脚意识（onset-rime awareness）。如果儿童已经具备押韵概念（如知道"bat"和"hat"是押韵的），首音—韵脚意识就显得较容易了。分割词的最后一种方法就是把词分割成一个个的音位——它是能改变词义的声音的最小单位，对应的就是音位意识（phoneme awareness）。具备音位意识的儿童知道词是由单个音位组成的。音位意识是语音意识中最为复杂的形式，因为它的获得来源于（至少是沿着）最初的文字经历（即开始识字或词水平上的阅读）。没有文字经历的儿童一般不可能意识到词是由单个音位组成的，因为从言语中不能知觉到音位的存在。

特雷曼和祖科夫斯基（Treiman & Zukowski, 1990）曾就此进行了实证性研究。他们探讨了年幼儿童在操作不同形式的语音意识任务中的成绩。在研究中，他们要求学前、幼儿园及小学一年级儿童判断一对词的开始声音或结束声音是否相同。在音节和音位任务中，儿童要比较两个词开始和结束的音节及音位。结果表明，对于每一年龄组儿童来说，音节任务是最容易的，而音位任务最难。在首音—韵脚任务中，对押韵的判断要比对成组首音的判断容易。在音位任务中，觉察到首音（成组首音的一个部分）要比觉察到最后的音位容易。对于幼儿来说，他们对单个辅音开头的词比对成组辅音开头的词做得好。这些结果都表明儿童对韵脚的觉察比对首音与最后音位的觉察容易。

道格罗格尔（Durgunoglu）等人（1993）针对西班牙语儿童也进行了相关的研究。在研究中，他们把字母识别、英语与西班牙语词汇再认及语音意识测验施测于说西班牙语的一年级儿童。语音意识的评价主要是分割（segmenting）、混合（blending）及匹配（matching）任务。要求儿童把一个及两个音节的西班牙词分成音节、头韵和韵脚及音位。他们也要把音节、头韵和韵脚以及音位混合起来组成西班牙词。还要求儿童觉察一对词中相同的开始声音。他们的研究发现，在英语儿童中语音意识的模式也出现在说西班牙语的儿童中。音节分割与混合比音位分割与混合容易。对于分割与混合音节要比分割与混合头韵—韵脚容易。因此，在西班牙语中，就如英语一样，音节意识易于音位意识。然而，头韵—韵脚意识与其他语音意识之间的关系的本质比英语更不清晰。道格罗格尔等人（1993）猜测，这是因为头韵—脚韵在西班牙语中并不像英语中那样是一个突出的特征。

以上是两个为数不多的以语音意识发展为专题的研究，其结果正如西塞罗等人（1995）综述的那样，从语言学的角度，语音意识的发展模式为：音节意识的发展最早，然后是首音—韵脚意识，最后是音位意识。可以用很多研究结果来证实这种发展模式。但是这两个研究也有不相一致的地方，如在英语研究中首音意识晚于韵脚而发展，但在西班牙语中，两者之间没有区别。

语音意识发展模式是否应该包括首尾音意识是研究界关于语音意识发展的又一个争议点。有研究者认为次音节单位首尾音的分割并不是一个语言学水平，在一些语言系统当中尾音特征要比另一些语言系统当中的尾音特征明显，如口语。来自口语成人被试言语识别的数据表明口语是延长音结构（moraic structure），也就是说口语语音结构为首音—元音（即延长音）结构（Ziegler，2005），因而其语音表征更倾向于延长音表征而非首音—尾音。屯门等人（1991）提出了发音策略假设（pronunciation strategy hypothesis）。此假设认为对于儿童来说带有元音的音节片段要比音位片段更容易感知和发音。卡莱斯（Calisle，1991）也提出：（1）单词中首音位置的特定辅音要比在中间位置或是末尾位置的相同音位更具明显特征；（2）辅音群具有很强的连接性，儿童更容易将其看作一个单位。莫莱斯（1991）的研究则指出法国儿童发现删除辅音—元音—辅音结构中的尾辅音要比开始辅音容易，即分离尾音而非对其进行首音—尾音的分割。因此他们认为首尾音水平可能只是针对英语系统。然而多数研究者证明与英语音位意识相比儿童更容易通达首尾音意识并且将其应用于早期的阅读之中。特雷曼（Treiman，1991）认为应该在阅读教学中引入首尾音的学习。她进一步阐明音位教学应该在首尾音之后，这样儿童会更有信心并且更容易发现字形与音位的对应关系并进行学习。乌莎（Usha，1986）的研究表明6—7岁的儿童可以运用单词首尾音相似性的类比方式来阅读新单词。

　　语音意识是从大单位向小单位的发展过程。对于初级阅读者来说最容易通达的是大的单位，而无论学生什么时候开始学习读写技能，对音位意识的通达都要等到其接受读写教学之后。这一观点被多数研究者认可，然而一些研究者对语音意识发展模型提出了质疑。对于语音意识的发展及其与阅读的关系至少有两个争议的焦点。第一个焦点是语音意识从大到小的发展模式是否具有普遍性。邓肯（Duncan，1999）对有阅读困难的年长儿童的研究表明这些儿童音位操作任务的完成要好于押韵判断任务。玛格南（Magnan，2007）的研究检验了学习阅读前与学习阅读后语音意识的发展趋势。有34名来自幼儿园和小学一年级的法国儿童参加了此项试验。试验任务包括浅层语音意识任务——判断异同和元语音意识任务——找出相同语音单位和特定语音单位的替换。结果表明语音意识和阅读技能紧密相关，音节意识是重要的语音加工单位，音位意识行为要好于音节意识行为。

　　事实上，随着研究者不断地在语音意识与阅读的研究中探讨语音意识结构中各成分的发展性，发展次序上的不一致性结果也越来越明显。例如，有些研究者认为押韵意识先于首音而发展（Treiman & Zukowski，1990），但另一些研究者却认为首音—韵脚意识作为一个整体几乎同时出现（Cisero et al.，1995）。有些研究者认为儿童在完成音位意识任务时，音位混合比音位分割要容易，音位分割又比音位删除容易（Yopp，1988），但来自斯特尔和穆雷（Stahl & Murray，1994）的实验结果却表明儿童完成音位分割要比音位混合与删除困难。

　　大量关于语音意识发展的研究支持了语音意识从大到小、从浅入深的发展模式。研究者认为在多数语言系统中，至少对于正常发展的儿童来说，在学前已经具有良好的音节意识，首尾音意识。音节意识一般出现在3—4岁，首尾音意识一般出现在4—5岁。而对于音位意识，无论其接受读写教育的年龄是多大，也只有当他接受了这些正规的教育之后音位意识才会得以发展（Ziegler，2005）。

　　利伯曼（Liberman，1974）是最早直接对语音意识发展顺序进行研究的研究者之一。在大量的言语感知研究的基础之上，一些研究者提出将口语单词分割为音节要比将单词分割为个体音位成分更为容易。为了检验他们的假设，利伯曼等人（1974）对来自曼彻斯特中等家庭的学前、幼儿园和小学一年级的135名儿童进行了测试。每一年龄段的儿童被随机分为两组。这两组儿童在年龄或智力能力方面无差异。第一组儿童接受音位分割任务，即要求儿童敲击出刺激项包含的音位数。第二组儿童接受音节分割任务，即要求儿童敲击出刺激项包含的音节数。结果表明任务和年级效应显著。有46%的学前儿童能够敲击出单词的音节数，但是这一年龄阶段的儿童不能完成音位分割任务。到一年级末期，有90%的儿童能够完成音节分割任务，有70%的儿童能够完成音位分割任务。

　　在特雷曼等人（1991）的研究中对语音意识三种具体的语言学水平进行了对比：即音节水平、首尾音水平和音位水平。在研究中，儿童听一组单词并判断这些单词是否具有相同的声音。这些声音可能是音节、首音、尾音或是单独的音位。结果表明每个年级儿童的音节任务的完成都要好于首尾音任务的完成，而首尾音任务的完成又好于音位任务的完成。学前儿童音节任务完成较好，而首尾音和音位任务完成情况较弱。对于幼儿园儿童，音节和首尾音任务的完成情况均好于音位任务的完成情况。到小学一年级时所有的测试任务均相当容易。在特雷曼等人（1991）的研究中，所有儿童在音节水平任务中的表现好于首尾音水平任务中的表现，音位水平任务中的表现最弱。因此他们认为语音意识的发展是根据声音片段的复杂程度由浅入深发展的。

　　安东尼（2003）的研究检验了学前和幼儿园儿童语音意识技能习得的发展顺序。来自不同背景的947名儿童参加了测试。语音意识测试包含语音意识的四个难度水平（单词、音节、首尾音和音位）以及认知操作的四个水平（合并识别、删除识别、合并与删除）。线性等级分析及因素设计使试验能够对多种纹理单位语音意识技能习得进行检验。结果表明儿童对于语音单位敏感度的发展与单词结构等级模型相匹配（如图 3-1 所示）。换言之，儿童最先掌握的是单词水平技能，之后是音节水平技能、首尾音水平技能，最后是音位水平技能。

阿米尼（Amini，2003）对语音意识进行了较为全面的研究。研究包括语音意识不同水平之间的相互关系、发展趋势及其对阅读和拼写的作用。44 名幼儿园和小学一年级儿童参加了测试。语音意识水平包括音节意识和音位意识，测试任务为音节合并、音节分割、音节识别、音位合并、音位分割和音位删除。结果表明对于幼儿园儿童来说音节意识任务（音节合并、音节分割和音节删除）比音位意识任务简单，音节意识的总平均正确率是音位意识总平均正确率的四倍，因此音位意识任务对于年幼儿童来说更为困难。此外，小学一年级儿童音位合并任务与他们单词阅读、非词阅读和非词拼写的成绩显著相关。音位删除与所有的阅读和拼写测试成绩显著相关，而音位分割仅与非词拼写相关。虽然音节合并和音节删除与阅读测试显著相关，但是音节分割与阅读测试相关不显著。同样，音节合并和音节分割分别与非词拼写和真词拼写显著相关，音节删除与拼写测试无显著相关。因此阿米尼认为语音意识的发展符合从大到小、从简入繁的过程，音位意识测试能够更好地区分幼儿园儿童和小学一年级儿童的阅读能力。音位意识对于单词阅读有显著的预测作用。

出现研究结果不一致的原因主要是由于研究者在研究时选用不同的研究对象（有些是学前儿童，有些是小学一年级学生）与语音意识任务。从目前的研究结果看，比较一致的结论为：

（1）对于儿童来说，将多音节词或短词分割为单个音节最容易；其次是将音节分割为子音节，即首音与韵脚；最难的是将词分割成一个个音位。但儿童的这方面能力是随着年龄的增长而逐渐地提高。

（2）儿童对于韵脚/押韵的觉察先于首音，然后是末位音位（Treiman & Zukowski，1990）；另外，儿童对单辅音开头的词比对辅音丛开头的词做得好。

（二）英语作为第二语言习得中的语音意识的研究

英语作为第二语言（ESL）学习中语音意识发展研究的主要目的在于从跨语言迁移的角度来检验英语语音意识发展的普遍规律。具体地说，就是要了解在英语作为第二语言学习中，语音意识的发展过程是否与本族语儿童相似；以及英语作为第二语言学习中，语音意识在阅读发展中的重要性是否同本族语儿童一样。随着这方面研究的深入，研究者更想了解影响语音意识发展的因素，如是否有一种抽象认知能力在促进跨语言的语音加工过程（Fowler，1991；Bryant，1990；Cisero & Royer，1995）？语音意识的发展是一种自然的过程，还是受特殊语言经历的影响（如语言教学、母语）？语音意识的发展遵循渐进发展的观点，还是独立发展的观点？等等。

在综合了有关研究结果后发现，只有少数研究者针对语音意识的跨语言发展主题进行研究。其中有代表性的是西塞罗和罗耶（1995）有关西班牙语儿童的英语和西班牙语语音意识的发展研究，结果发现西班牙语儿童的英语语音意识与西班牙语语音意识以相同的次序获得。

大多数有关 ESL 语音意识发展的研究更关注母语语音意识对英语阅读的影响方面。例如，道格罗格尔等人（1993）发现，母语为西班牙语儿童的阅读技能与语音意识能够预测学习英语单词的能力。然而，母语或第二语言口语的熟练性并不能预测儿童学习不熟悉英语单词的能力（Geva，2000）。

另外，科莫（Comeau）等人（1999）对参与法语沉浸式教学的英语儿童进行了长达一年的纵向研究以探讨语音意识与两种语言中阅读成就之间的关系。122 名一、三和五年级的加拿大儿童接受了法语与英语的词译码、语音意识及认知能力、快速命名和假词重复（只对英语）测验。

结果表明，法语的语音意识与法语和英语的阅读成就的相关与英语语音意识与其相关相等。这些相关即使在排除快速命名和假词重复后仍然显著。两种语言的语音意识与法语译码技能上一年之内的进步有特殊的关系。这些结果都支持了在拼音文字间跨语言的语音意识技能的迁移。

另外一些比较 L1（母语）和英语为 L2（第二语言）阅读获得的研究表明，语音加工过程（包括语音意识）的成绩只有在一般阅读者与不良阅读者之间有差异，而在两种语言之间没有差异（Chiapper & Siegel，1999）。无论是 L1 还是 ESL 儿童，阅读困难似乎都与受损害的语音加工过程有密切的联系，而与所学语言没有关系（Chiapper & Siegel，1999）。

达·冯都拉和西格尔（Da Fontoura & Siegel，1995）对说葡萄牙语—英语的双语儿童进行了优秀阅读者与不良阅读者的对照研究，结果发现不良阅读者的语音加工在两种语言中有相似的弱点。因此，大量的 ESL 研究指出语音意识与阅读技能在拼音语言之间的一致性迁移。然而，L1 与 L2 语音及正字法之间的相似性程度可能会影响语音意识及阅读获得过程 (Geva & Wade-Woolley，1998；Geva, et al., 1997；Wade-Woolley & Geva，1999)。此外，拼音语言的阅读教学本身会对语音意识技能，特别是音位意识产生影响 (Morais，1987；Morais，1979；Perfetti，1985)。

（三）汉语学生英语语音意识的研究

1. 汉语学生英语语音意识发展研究

丁朝蓬等人（1998）的研究探讨了汉语儿童英语语音意识的发展特点及其与拼写的关系。结果表明从小学 二—五年级儿童语音意识测试成绩显著提高；汉语儿童语音意识的发展与英语儿童出现相同的趋势，即音节意识与首音—尾音意识的发展先于音位意识的发展。姜涛等人（1999）选取二、四、五年级儿童各 20 名作为被试，系统地探讨了汉语儿童普通话音节意识、首尾音意识和音位意识的发展特点。方差分析结果发现语音意识测试成绩随年级的增长而增长，音节意识的发展早于首尾音意识，首尾音意识的发展先于音位意识的发展。

徐芬等人（2004）的研究得到了相似的结果。在研究中，徐芬等人运用纵向与横向研究的方法探讨了小学一年级儿童汉语语音意识发展的过程和小学一、二、五年级儿童汉语语音意识的年级差异。结果表明儿童押韵意识的发展先于首音意识，特别是在 1—2 年级之间，儿童在押韵意识任务的正确率上有较大的提高。最后发展的是音位意识，但是在拼音和识字教学之后发展迅速，与其他语音意识任务之间的差距迅速缩小。因此儿童汉语语音意识的发展过程与英语母语国家儿童语音意识的发展趋势相似，同时这一结果也进一步证实了音位意识的发展在很大程度上取决于读写能力获得的观点。

如前所述，虽然多数研究者证实汉语学生语音意识发展趋势与英语儿童英语语音意识发展趋势大致相同，但也有研究者得出了相反的结论。张长英（2003）对幼儿英语语音意识发展特点和内隐学习的研究表明其首尾音意识与音位意识的发展早于音节意识的发展。郑书贞（2009）对 3—6 岁汉语儿童英语语音意识发展特征的研究表明儿童英语语音意识各水平的发展随着年龄的增长而呈现出上升的发展趋势。无论哪一年龄阶段的汉语学前儿童其音节意识发展都处于领先水平，音位意识发展次之，首尾音意识发展最晚。

2. 汉语学生英语语音意识与阅读关系的研究

英语为拼音文字，而汉语为语标文字，由于两种语言系统存在差异性，因此一些研究者认为汉语学生在学习英语阅读和拼写时正字法技能将起到重要的作用。至少有三类证据支持这一观点（Sze，2006）。首先，研究者证明非拼音文字国家的英语学习者英语阅读的方式与拼音文字国家学习者英语阅读的方式不同（Leong、Tan、Cheng、Hau，2005）。其次，汉语为母语英语为外语的学生的语音加工技能较弱（Bialystok，2003），但是正字法技能与英语母语学生相比较强（Wang、Geva，2003）。最后，汉语学生在识别英语单词时较少依赖语音加工而更多的依赖正字法加工（Wang、Koda、Perfetti，2003）。

很多以汉语为母语以英语为外语的学生作为被试的研究支持了上述的观点。比亚韦斯托克（2003）在其两项研究中发现在音位分割任务中西班牙语—英语双语儿童的行为好于英语单语儿童，而英语单语儿童又好于汉语—英语双语儿童。来自王燕（Wang）等人（2002）的纵向研究表明汉语学生在英语加工过程中更多地依赖词汇和视觉——正字法加工。他们将多伦多 30 名二年级广东话为第一语言的儿童与 33 名英语母语儿童的拼写任务进行对比。两组儿童在单词拼写行为中无差异，但是广东话儿童在假词听写中的行为表现不如英语母语儿童。因此王燕等人（2002）认为"汉语母语儿童在英语拼写时依赖更多的视觉整体信息，在拼写时引入更多的正字法范式而非语音加工策略，而英语母语儿童在拼写时更多地运用语音加工策略"。

王燕等人（2002）的研究运用语义加工策略任务检验英语为外语的汉语成人学习者（非拼音系统文字）和韩国成人（拼音系统文字）英语单词识别中对语音和正字法的依赖状况。结果表明以汉语为母语、以英语为外语的学生由于语音加工技能缺失，需要依赖更多的视觉—正字法信息。

莱昂（Leong）等人（2005）检验了 156 名 4—6 年级香港儿童正字法知识、词汇知识和语音意识在英语单词阅读和拼写中的作用。多元回归分析、主成分分析和结构方程结果表明正字法和词汇知识对于英语读写能力的预测作用超过语音意识。

然而，另一些研究表明语音意识技能在汉语学生的英语阅读中起到重要的作用。麦克布莱昌等人（2002）检验了语音意识、快速命名、视觉空间技能，加工速度与汉英单词识别的关系。190 名香港幼儿园儿童和128 名幼儿园及小学一年级美国学生参加了测试。结果表明英语和汉语语音意识显著相关，并且能够显著的预测阅读能力。视觉空间技能不能对英语或是汉语的阅读能力起到预测作用。乔（Chow，2005）对于香港幼儿园儿童的研究得到了类似的结果。对三个因素（语音意识、快速自动命名和短时言语记忆）的检验结果表明只有语音意识能够显著预测当前及后续汉语和英语的阅读能力。

上述研究表明对于汉语学生英语语音意识与阅读的关系依然存在争议，并且先前研究中被试的年龄主要集中在幼儿园和小学五年级之间，而语音意识测试任务也各不相同。因此为了更加深入地了解汉语学生英语语音意识特点及其与阅读的关系需要扩大被试人群的年龄/年级，以及确定能够动态检验这些学生英语语音意识技能的测试任务。

在关于语音意识发展及其与阅读的关系研究中，重要的一点是要确定儿童有足够的认知能力来完成具体任务的要求，并且注意到测试所产生的问题如地板效应、天花板效应和低信度等。对于这一点安东尼等人（2004：53）做了很好的诠释："总之，对于韵律敏感度或是音位敏感度哪一水平对于阅读和拼写更为重要的争论似乎将研究者和理论家引入歧途，背离了重要的问题即不是哪种类型的语音敏感度对于读写是最重要的，而是哪种语音敏感度的测量对于具体的儿童应该是适当的。"

（四）语音意识与阅读关系的研究

自从马丁利（Mattingly，1972）具有里程碑意义的文章"Language by Ear and by Eye"公开发表之后，语音意识与阅读之间关系的研究就一直受到研究者的重视。在众多的有关语音意识的研究中语音意识与阅读发展之间关系的研究一直是语音意识研究的重点。对于语音意识与阅读习得关系的研究主要集中在三个方面：第一是语音意识是阅读习得的起因，对阅读能力起预测作用；第二是语音意识是阅读习得的结果；第三是语音意识既是阅读习得的起因也是阅读习得的结果，简言之，两者之间是互相促进的关系。

1. 语音意识是阅读前提的研究

自 20 世纪 70 年代以来，语音意识与阅读之间的关系一直是研究者关注的焦点（Adams，1990）。几乎所有研究过语音意识的研究者都会探讨语音意识在阅读学习中的作用或对于阅读无能者的意义（Adams，1990；

Brady & Shankweiler, 1991；Goswami & Bryant, 1990；Gough, 1992；Sawyer & Fox, 1991)。布拉德利和布莱恩特（Bradley & Bryant, 1978, 1983）利用语音意识测验考察儿童识别语音与操作语音的能力。结果发现阅读困难儿童在这些语音意识测验上的成绩明显地低于正常儿童。由此说明语音意识与阅读能力之间的关系。语音意识的获得与阅读发展之间关系的研究已成为语音意识中最大的一个研究领域，其主要目的是通过明确语音意识对阅读的重要作用，以便通过教学帮助儿童学习阅读，提高阅读能力，还希望建立针对阅读困难儿童的教学模式。因此，这方面的研究既强调语音意识的预测力又强调语音意识的实践意义。

研究者认为语音意识发展是阅读习得的前提，大量纵向研究的实验表明语音意识是后续阅读习得重要的预测因素。语音意识能够预测后续阅读能力的发展（Olofsson, 1999）。具体而言，语音意识与单词识别的准确性和流畅性以及对不熟悉单词编码时使用字母/声音知识相关（Lyon, 1995）。进而准确和流利的单词识别与阅读理解相关。

伦德伯格等人（1980）和泽富凯克（Zifcak, 1981）是较早研究语音意识与阅读关系的研究者。在伦德伯格等人（1980）的研究中，133名瑞士儿童参加了一系列语音意识测试任务，包括音节意识测试任务（音节分割及合并任务），首尾音意识测试任务（押韵产生任务）和音位意识测试任务（音位分割及合并任务，音位识别和操作任务）。研究结果表明儿童在幼儿园时音位操作任务与二年级时阅读和拼写行为显著相关，对阅读和拼写有很强的预测作用。泽富凯克（1981）的研究支持了这一观点。他们认为幼儿对言语声音的意识将极大影响儿童早期阅读行为的成功。

自20世纪90年代以来，在一些研究者继续讨论语音意识与阅读之间关系的同时，另一些研究者开始关注语音意识的本质问题，因为它直接涉及阅读学习依赖于语音意识的程度有多大，涉及语音意识结构中的哪些成分在什么时候才真正地对阅读学习过程起重要作用。在这个问题上，格斯瓦米和布莱恩特（1990）提出的理论观点是比较有代表性的。他们首先认识到对口语词的分析（即语音意识）有不同的水平，而且这些水平会以不同的速率发展。他们强调了音节以及两个子音节单位——首音与韵脚的重要作用。但在验证他们的观点时，研究结果之间产生了很大的差异。语音意识是对口头（不是书写）词中声音的意识，所涉及的能力包括押韵、首位辅词匹配、口语中音位的计数等（Stahl & Murray, 1994）；这些任务对于某些儿童来说是困难的，因为口语并没有与音位对应的可以确认的分割，例如，dog 一词由一个物理的声音组成。然而，在拼音语言中，字母通常代表音位，而且为了学习字母与音位之间的对应，儿童不得不对口语中音位有所意识。

有些研究者认为音位意识对于阅读及拼写技能的预测力要远远地强于首音—韵脚意识（Hoien、Lundberg、Stanovich，1995；McDougall、Hulme、Ellis & Monk，1994；Muter、Hulme、Snowling & Taylor，1997；Nation & Hulme，1997），而另一些研究者则认为排除了音位意识任务后，押韵任务及押韵/首音联合任务仍然能够独立地预测阅读与拼写，但单一的首音任务却不能（Bryant，1990），而且音位任务中只有音位计数与首音删除任务能够预测拼写，末位音位删除任务与拼写没有相关。还有一些研究者则认为，语音意识各成分与阅读的关系与阅读的阶段有关。首音—韵脚意识能够更好地预测儿童早期阅读的成绩或拼写水平（Goswami & Bryant，1990；Schatschneider，1999；丁朝蓬，彭聃龄，1998），而音位意识只出现在具备文字读写能力以后（Morais，1979），它可预测更高年级的阅读成绩（Goswami & Bryant，1990；Muter，1997）。另外，西奥克（Siok）等人（2001）对汉语普通话儿童的研究结果则表明，只有首音—韵脚意识而不是音位意识与汉语阅读有显著的相关。

因此，尽管研究者都一致认为语音意识与阅读存在着某种关系，而且语音意识任务方面的成绩可以预测阅读任务方面的成绩。但两者之间关系的本质问题至今仍没有得到根本的解决。但张谦（Cheung，1999）在综合他人研究的基础上针对这个问题作出的阐述对今后的研究具有一定的指导意义。

根据张谦的观点，最简单的语音意识任务只要很浅的音位加工能力与表征行为（represent behaviors），而且几乎是自发且内隐的，大致地反映了儿童对声音的敏感性。尽管这种自然出现的语音意识与阅读的关系很难确定，但进入小学时处于某种语音意识水平（例如，意识到押韵）的儿童更可能在以后成为成功的阅读者（Kleeck & Schuele，1987；Maclean、Bryant & Bradley，1987）。

涉及稍高水平的语音意识任务是要求个体按要求把单词归类或产生单词，如判别单词的头韵或韵脚（Bradley & Bryant，1985；Treiman，1992）。这些任务完成得很好的儿童也是那些最成功的阅读者（例如，

Bradley & Bryant，1985）。在许多文献报道中，在阅读任务上有困难的许多年龄较大的儿童往往在完成上述语音意识任务中也有困难（Bradley & Bryant，1978；Bruck，1992）。此外，已经有相当的证据可以证明语音意识的基础水平与学习阅读之间的因果关系（例如，Bradley & Bryant，1985；Byrne & Fielding-Barnsley，1989；Lundberg、Frost & Petersen，1988；Stahl & Murray，1994；Treiman，1987）。

　　当儿童能够进一步把音节分割成每个个别的音位，无论是通过敲击来表示每个音位还是通过移动圆盘来代表每个音位，都证明儿童具备了更为复杂的语音意识——音位意识（phoneme awareness）。如果说最简单的语音意识任务涉及的能力是阅读的先决条件，那么语音意识与阅读的关系开始随着儿童语音意识的加深而转变为两者之间的相互促进。儿童往往从声音—符号关系（sound-symbol relationships）的教学以及丰富的文字经历（literacy experiences）中理解了言语可以被分割成更小的单位，而且这些单位可以由字母来代表，并通过此，儿童对字母系统（alphabetic system）中的系统关系有了新的认识（Blachman，1991；Stahl & Murray，1994）。一旦儿童开始理解并运用声音—符号关系，语音意识也由此进一步加深，继而又进一步促进阅读与书写能力的发展（Foorman & Liberman，1989；Perfetti、Beck、Bell & Hughes，1987；Stanovich，1986b）。这样，随着儿童能够运用字母编码（the alphabetic code），语音意识与阅读的关系变成一种"相互促进"（mutual facilitation；Perfetti，1987）或"互为因果"（reciprocal causation；Liberman、Shankweiler、Fischer & Carter，1974）。

　　最高水平的语音意识任务需要更深层次的音位加工。处于这一水平，已不仅仅限于首音和韵脚任务，或单词音位的分割任务，而且还要涉及外显的、有意识的、分析性技能，这些对于获得并操作音位表征（例如，"say 'bright' without the /r/."）是必需的。与最简单水平的语音意识任务相比，处于此水平的语音意识实际上是阅读与拼写学习的结果（Morais、Bertelson、Cary & Alegria，1986）。因为这些任务上的成功需要拼音策略，如把单词视觉化并移动或移去必需的单位。只有通过在这个语言复杂性水平上的干预才可能使早期阅读与书写得到最好的促进（Cheung，1999）。对于汉语学生的研究发现首尾音意识对于阅读具有重要的预测作用（淘沙、冯艳娇、李伟，2007）。因此，更多的研究者认为首尾音水平介于音节水平和音位水平之间。

布莱恩特等人（1990）检验了语音意识各形式（押韵识别、头韵和音位识别）与儿童阅读之间的关系。64 名 4—6 岁的儿童参加了测试。多元回归分析表明押韵或头韵识别以及音位识别能够解释阅读 65%，有时是 71% 的变化。所以，他们认为早期的语音技能与后续阅读发展相关。同时他们也认为从押韵意识到音位意识的发展路径表明音位意识与后续阅读发展关系更为紧密。

菲尔讷（Furnes，2011）的研究检验了语音意识潜在结构以及对儿童阅读习得的影响。研究采用音节和音位合并任务以检验儿童将声音片段组合成单词的能力，音节和音位删除任务要求儿童在删除单词具体声音片段后说出余下的声音。750 名来自美国和澳大利亚的儿童接受了测试。测试结果表明美国和澳大利亚儿童的语音意识与后续的阅读成绩高度相关。此外，研究结果表明语音意识对英语母语儿童阅读能力的预测作用可以持续至四年级。

语音意识技能缺失假设也支持语音意识是阅读发展的前提。研究者认为语音意识技能的缺失会造成儿童的阅读困难（Taylor，1996）。事实上，语音缺失假设是儿童阅读困难理论中应用最为广泛的理论。这一理论认为多数阅读困难是由于对声音信息加工的缺失而非其他认知因素。威尔逊（Wilson，2001）的研究支持了这一观点。威尔逊（2001）检验了具有阅读障碍的大学生。59 名大学生参加了测试，其中 28 名为阅读困难者，31 名为阅读正常大学生，这两组学生在言语和非言语智力上无差异。阅读障碍组学生在所有标准化阅读和拼写的测试以及语音加工测试中的行为表现均低于对照组。对照组在所有语音加工测试中，特别是在准确性和反应时间方面，行为表现均高于阅读障碍组。因此，他们认为语音意识在阅读技能习得中起到重要的作用，并且语音加工技能的差异能够预测大学生阅读障碍者。

此外语音意识训练也支持了语音意识是阅读发展前提的假设。伦德伯格等人（1988）将语音意识技能训练与丹麦儿童口语训练相结合，此项训练持续八个月。儿童训练前与训练后两次测试成绩表明儿童在语音意识、阅读与拼写方面均有显著的提高。接受语音意识技能训练组儿童的阅读和拼写能力显著高于接受常规训练的儿童。布莱克曼（Blachman，1999）的研究得到了相似的结果。因此研究者认为语音意识训练不仅能提高儿童语音意识技能，同时能够促进儿童阅读与拼写能力。

大量的研究已经证明语音意识对于儿童掌握拼写与阅读，特别是译码或解码的重要性（Adams，1990；Fletcher，1994；Liberman，1990；Pressley & Rankin，1994；Stanovich，1986a；Wagner & Torgesen，1987）。而且过去二三十年来的纵向研究结果似乎都揭示语音意识是继后阅读能力高低的最有力预测源之一（例如，Bryant，1989；Lundberg、Olofsson & Wall，1980；Wagner、Torgesen & Rashotte，1994）。这种纵向研究定位于学习阅读前（文字读写能力获得前）儿童语音意识技能的发展（Wagner & Torgesen，1987）。例如，在文字能力出现之前在语音意识测验上的成绩能够较精确地预测开始阅读时的成就，这种预测比其他相关的因素（包括性别、年龄及社会经济状态的测量）更精确（Share，1984）。

证明语音意识对阅读有预测作用的另一方面研究是语音意识教学或训练的追踪研究。这方面的研究对象主要为两大类：即学前儿童和阅读困难儿童。实验训练研究表明，语音意识不仅可以教学，而且可以由此提高阅读水平。例如，对幼儿语音意识的训练能够在阅读习得上产生显著的成就上的差异（例如，Ball & Blachman，1991；Bradley & Bryant，1983；Lundberg，1988；Williams，1979）。如果在教学过程中能够让学生清楚地意识到声音分割与字母之间的联结，音位意识教学对阅读与拼写的作用更大（Cheung，1999；Ball，1993b；Ball & Blachman，1991）。研究者通过这种干预及教学训练的纵向研究不仅想证明语音意识对阅读的作用，而且由此证明语音意识与阅读之间具有因果关系，即语音意识为阅读成败的原因。但并不是所有的研究者都赞成这种观点。

2. 语音意识是阅读习得结果的研究

有研究者认为阅读的发展将影响语音意识的发展。论据是未具备阅读能力的儿童具有很低的语音意识，同时未受教育成人及非拼音文字书写语言的阅读者也具有较低的语音意识。

维默尔（Wimmer，1991）设计了两项测验以检验奥地利儿童在阅读训练之前的语音意识与当前阅读和后续阅读之间的关系。这些6—7岁的儿童在入学前几乎不能进行阅读。结果表明只有少数儿童在一年级开始时具有较好的语音意识，但是经过几个月的训练之后，多数儿童在语音意识测试任务上的得分达到良好水平。因此他们认为阅读训练能够提高语音意识技能。曼恩（Mann）等人（2002）的研究比较了接受字母和声音教育的美国幼儿园儿童和没有接受过这些教育的德国幼儿园儿童在音位意识技能上的差异。结果表明与德国同龄儿童相比，美国儿童在音位意识任务上的行为表现更好。因此，他们认为音位意识的发展是读写训练的结果。

为了检验语音意识和阅读技能习得之间的关系，莫莱斯等人（1979）对葡萄牙语未受教育成人进行了测试。结果表明未受教育的葡萄牙语成人在真词和假词声音删除任务中的正确反应分别为26%和19%，而对照组成人的正确反应分别为87%和73%。在真词声音添加任务中未受教育组与控制组正确反应率分别为46%和19%，假词正确率分别为91%和71%。因此，莫莱斯等人认为对于言语是由一系列音位组成的意识并非如一般的认知能力那样能够自发地形成，而是需要经过特殊的训练，对大多数人来说，要在学习了拼音系统文字阅读之后才会具有此种能力。与此研究结果相似，里德（Read，1986）发现没有学过汉语拼音添加或删除的汉语阅读者在语音意识测试任务上的技能要低于学过此技能的阅读者。

目前仍然有一些学者认为语音意识与阅读之间的关系是双向性的，也就是说，语音意识的发展同样受阅读能力发展的影响（Burgess & Lonigan，1998；Morais，1979；Wagner & Torgesen，1987；Tunmer，1991）。

3. 语音意识与阅读互为因果关系的研究

多数研究者认为语音意识的发展与阅读的发展互为因果关系。个体语音意识的差异能够影响阅读能力的发展，反之，阅读学习中的个体差异也将影响语音意识的发展。此观点得到了心理语言学纹理理论的支持。此理论认为语音意识特别是音位意识与阅读能力双向相关。换言之，儿童在开始学习音位与字母的对应关系时，具体的音位意识是掌握字母规则的必要条件。而当儿童学习了字母—声音对应关系加工后，字母规则反过来又促进了音位意识的发展与优化（Ziegler，2005）。

有研究者认为作为阅读能力之一的字母知识与语音意识紧密相关。福伊（Foy，2006）检验了66名单语学前儿童字母名称的语音范式与语音意识的相关性。结果表明基本的语音意识能够促进字母声音的学习。此外，更明确的语音意识与字母声音知识双向相关。

为了检验语音意识与早期阅读的相互关系，斯特尔（Stahl，1994）对113名幼儿园及小学一年级儿童进行了测试。语音意识任务为音位分割、音位分离和音位删除。结果表明测试承载了单一因素。逻辑分析表明字母知识是儿童将首音—尾音分开的必要条件，而首音—尾音是单词阅读和更复杂的音位意识技能分析的必要条件。瓦格纳等人（1994）的研究支持了这一观点。他们发现语音加工技能显著影响单词编码，而字母知识影响后续语音加工能力的发展，因此他们认为语音加工技能与阅读是双向相关的。

朗尼根（Lonigan，1998）的研究表明语音敏感度能够促进早期阅读，反之，早期的阅读也能够促进语音敏感度的发展。朗尼根（1998）对来自中等收入家庭的 97 名 4—5 岁儿童进行了为期一年的纵向测验。测试项包括口语测试、押韵奇异识别任务、头韵奇异识别任务、合并任务、删除任务、字母知识测试。多元回归分析表明语音敏感度能够预测字母知识的发展，而在控制了儿童的年龄和口语能力之后，字母知识能够预测语音敏感度的发展。因此他们认为语音敏感度与阅读之间是相互促进的关系。

近年来，语音意识与阅读之间存在互动关系的观点被越来越多的研究者认可。语音意识与阅读之间的关系有如下几个被普遍认可的观点：（1）语音意识与阅读紧密相关；（2）语音意识是后续阅读习得重要的预测因素；（3）阅读能力的发展在语音意识的发展中起到重要的作用；（4）语音意识的训练能够促进阅读能力的提高。虽然研究者对于语音意识在阅读中的重要作用并无过多的争议，但是对语音意识发展与阅读的关系特别是其内部结构与阅读的相互关系却并没有较为集中的定论。

4. 语音意识各水平与阅读的关系

根据心理语言学纹理理论，语音意识可以被分为音节意识、首尾音意识和音位意识。在次音节水平中，一些研究者认为尾音意识对于后续阅读习得起到重要的作用，而另一些研究者则强调音位意识的重要性。还有一些研究者侧重音节意识的重要性。当然也可能是一种或是多种次音节单位对后续阅读起到重要的作用（Coltheart，2004）。

（1）音节意识与阅读的关系

音节水平的语音意识是指能够将单词分解为一个个部分，每一部分包含一个独立的元音。例如理解单词"mat"有一个音节而"matter"则包含两个音节。音节是自然的语音单位，一些研究者认为它比单词更为突出。以音节水平识别或分割单词可能在阅读习得的早期阶段起到重要的作用（Coltheart，2004）。然而很少有研究直接检验音节意识对于阅读习得的重要作用。

在一项纵向研究中曼恩等人（1984）对 62 名幼儿园儿童进行了音节计数任务测试，然后测试了他们一年后的阅读成绩。结果表明音节计数任务对于一年后阅读成绩具有预测作用。此外，音节意识还有降低阅读训练复杂度的优势。冈萨雷斯（Gonzalez，1995）的研究发现音节分割能力对于西班牙语阅读有重要的预测作用，因为西班牙语是音节结构良好的多音节单词。德蒙（Demon，2000）的研究也发现音节意识对于语音规则的语言如西班牙语要比英语更具有预测作用。

卡度索·马丁（Cardoso-Martins，1995）采用纵向研究的方法检验了105 名 6 岁葡萄牙语儿童语音意识不同水平与读写能力习得的关系。语音意识任务包括押韵识别、音节识别、音位识别和音位分割。结果发现即使在控制了音位分割技能的影响之后，音节识别依然能够显著预测学年中期及学年末期的阅读和拼写能力。

恩金（Engen，2002）对 1300 名挪威语一年级儿童语音意识与阅读的关系进行了检验。测试任务包括音节意识、音位意识、单词编码和阅读理解。采用结构方程对数据进行分析，结果表明音节意识能够解释一年级挪威语母语儿童单词识别和阅读理解的差异。然而与音位意识相比，音节意识对于这些儿童阅读发展的影响非常低，只有 0.5%。

与上述研究相反，伍德（Wood，1998）采用音位删除、押韵识别和音节分割的形式对 90 名小学儿童（分别为阅读正常儿童、阅读困难儿童及年龄匹配儿童）的语音意识进行了测试。结果发现三组儿童在音节分割测试中均能达到最高分。协方差分析表明这些数据无显著差异。因此伍德（1998）等人认为学前儿童的音节意识对于小学 1—2 年级的读写能力没有预测作用。

埃尔布罗（Elbro，1998）的研究得到了与 Wood（1998）相似的结果。Elbro（1998）对有阅读障碍可能性的丹麦学前儿童进行了为期一年的纵向研究。语音意识测试任务包括音节删除、首音位删除、音节识别、音位识别和合并组成双音节单词。结果表明音节删除或是音节识别均不能独立预测二年级时有阅读障碍的儿童，而音位识别可以。

（2）首尾音意识与阅读的关系

首尾音意识是指意识到音节或单词可以在音节内部进行划分。首音是在一个音节词中位于词首的辅音或辅音群，而尾音则是单词中余下的声音，它包含元音和其后的辅音或辅音群。例如 skate 这一单词，/sk/是首音，而 /eit/ 则是尾音。无论首尾音作为语言学概念的价值有多少，首尾音意识在音节意识与音位意识之间作为中间的发展阶段已经得到了多数研究者确定的证实（Fox，1990）。研究者发现在 4 岁或 5 岁时，多数儿童已经发展了首尾音意识（Hulme，1998）。首尾音意识的发展早于音位意识的发展，并且与后续阅读习得相关。淘沙等人（2007）的研究得到了相似的结果。他们检验了语音意识的不同成分在汉语儿童英语阅读学习中的作用。他们对 74 名二年级、五年级的儿童进行了检验。英语语音意识任务是英语音节意识、首尾音意识和音位意识三水平的声音识别和声音删除任务。结果表明在控制了年龄、非言语智力及音位意识作用后，英语首尾音意识对于英语单词认读具有显著的贡献。英语首尾音意识可以独立解释英语单词认读 13% 的变异。因此他们认为在英语语音意识的两个成分中，首尾音意识是汉语儿童英语阅读有效的预测因素。

特雷曼（1983）认为首音和尾音对于年幼儿童来说是口语的自然单位。儿童很容易将单词按照首尾音的边界进行分割，但是对辅音群中两个相邻辅音或是元音与其后的辅音分割却很困难。福克斯（Fox，1990）认为在探讨首尾音意识的实证研究之前有必要思考首尾音意识所包含的押韵能力和音位意识。福克斯（1990）认为在辅音—元音—辅音（CVC）音节中，C 是首音，而 VC 是尾音。这就意味着如果一个人能够感知 CVC 是由 C 和 VC 构成的，那么他就能进行押韵判断并有意识地呈现个体辅音。哈佛大学小组对押韵能力进行了确切的描述："押韵能力解释了首尾音的区别，因为押韵的单词具有相同的尾音。"换言之，儿童具有押韵能力是因为他们知道确切的尾音。格斯瓦米（1990）提出与阅读习得直接相联系的语音单位是尾音。

事实上，大量的证据表明押韵意识与阅读习得相关。布莱恩特（1989）的研究表明儿歌知识对于阅读和拼写的重要作用可能是因为这些知识帮助儿童发展早期的语音意识技能。布莱恩特（1989）对 64 名来自英国的 3—6 岁儿童进行了一项纵向研究。首先检验儿童对 5 首流行儿歌的背诵能力，儿童也参加了押韵识别任务的测试。之后在这些儿童 5—6 岁时对他们的语音意识和阅读拼写进行测试。研究结果支持了儿歌影响阅读的假设，即虽然在项目开始时考虑了儿童社会背景、IQ 和儿童的语音技能，儿童早期儿歌知识与 3 年后阅读和拼写成绩依然紧密相关。

布莱恩特等人（1990）的研究进一步支持了儿歌知识对于后续阅读重要性的假设。布莱恩特等人（1990）用路径分析的方法证明了儿童 4 岁时的头韵能力与 6 岁时音位意识的发展及阅读和拼写习得直接相关。卡度索·马丁（1995）的研究（如前所述）也发现押韵意识影响阅读。她发现在控制了年龄、IQ、字母知识和拼写能力后押韵意识对于幼儿园早期及中期的阅读有显著的影响。

　　为了检验押韵意识对于后续阅读能力的影响，霍利曼（Holliman，2010）对69名5—8岁的英语儿童进行了为期一年的纵向研究。在项目开始时儿童接受了言语押韵测试和其他的认知测试，在一年后又完成了多种阅读测试。多元回归分析表明即使在控制了儿童的年龄、词汇量、音位意识之后，言语押韵意识依然能够对一年后的单词阅读和篇章阅读的流畅性起到预测作用。

　　与上述研究相反，另一些研究并没有发现押韵意识与后续阅读或是拼写相关。在斯图尔特（Stuart，1995）的研究中，30名儿童进行了押韵识别、头韵和音位分割的测试任务。结果表明即使控制了最初的阅读能力，押韵识别和头韵依然不能显著预测儿童在学年末期的阅读行为。休姆（Hulme）等人（1998）对38名4岁儿童进行了语音意识的测试以检验他们语音意识成绩与两年后阅读及拼写行为是否相关。语音意识测试包括押韵识别、押韵配对、音位识别和音位删除。研究结果发现，在一年级末期，音位意识与阅读和拼写行为显著相关，而押韵意识则不能对阅读和拼写起到预测作用。

　　（3）音位意识与阅读的关系

　　虽然语音意识和音位意识有时可以互换，但实际上两个术语是有所不同的。语音意识是与意义分开的多样的语言声音的意识。而音位意识则是对单词中最小声音单位的感知能力。为了学习一种拼音书写体系，如英语，儿童必须意识到口语单词是由不同的音位（最小的声音单位）组成的，音位与书写单词的字形（或字母）相对应（Lane，2002）。根据心理语言学纹理理论，习得拼音系统文字最主要的是要能够通达言语分割的音位水平。也就是说阅读的学习引入了对字母表征最基本的言语声音的理解。当儿童理解了这种字母规则，便可以运用这种规则拼读单词并最终通达词义（Coltheart，2004）。

　　来自文献较为集中的发现是音位意识与阅读显著相关并且对后续的阅读有预测作用（Adams，1990；Richard·K. Wagner，1987）。内申（Nation，1997）对语音意识各水平作了较为详细的研究。75名1—4年级儿童参加了测试。测试包括四项语音意识技能，以检验他们对阅读和拼写能力的预测作用。结果发现头韵识别、押韵识别和音位分割随着年龄的增长而提高，但是首尾音分割在所有年龄组均处于相似水平。音位分割对阅读和拼写能力具有显著的预测作用，但首尾音分割没有。虽然头韵和押韵识别与阅读和拼写能力相关，但是音位分割具有更为重要的预测作用。因此内申（1997）认为即使在阅读和拼写能力发展的早期，音位意识也具有显著的预测作用。

为了检验音位意识对当前阅读能力和后续阅读能力的预测作用穆特（Muter）等人（1998）设计了一个纵向研究。34 名 9 岁的儿童参加了测试（最初参加试验时这些儿童处于学前，平均年龄 4 岁）。穆特等人（1998）证实音位意识而非押韵能力对阅读的准确性有预测作用。4—6 岁时的押韵、奇异任务不能对 9 岁时的阅读能力起到预测作用，而 5—6 岁时的音位删除训练能够预测 9 岁时的阅读能力。此外，9 岁时的音位意识任务对儿童当前阅读准确性具有显著的预测作用。

美国国家阅读小组（The National Reading Panel，2000）20 世纪 90 年代前的研究表明语音意识特别是音位意识对于阅读学习起到重要的作用，其他研究者也证实这一观点（Adams，1990；Wagner et al.，1997；Goswami & Bryant，1990）。上述研究中不支持音节意识或押韵意识对阅读习得起预测作用的研究均发现了音位意识对后续阅读的影响。在斯图尔特（1995）的研究中发现首音位和尾音位的分割能够显著地预测儿童后续的阅读能力。此外（Cardoso-Martins，1995；Elbro，1998；Engen，2002；Muter、Hulme·C.、Snowling，M.、Taylor·S.，1998；Wood，1998）等人也都报告了音位意识对后续阅读和拼写习得的重要作用。

对英语母语儿童及其他语言儿童的横向和纵向研究表明语音意识的不同水平——音节意识、首尾音意识及音位意识与后续的阅读能力均相关，但是这种相关性并没有得到较为一致的论断。

纵观近一二十年来语音意识的研究现状与进展，语音意识的研究主要集中在以下几个方面：（1）语音意识的构成成分及其发展；（2）语音意识与阅读发展之间的关系：包括早期语音意识的获得与阅读发展的关系、语音意识训练对阅读的影响、阅读无能儿童语音意识干预对阅读发展的影响等；（3）影响语音意识的因素：一般认知能力、言语短时记忆、言语知觉及基本读写能力/经历；（4）语音意识的跨语言迁移；（5）语音意识测量的有效性问题等。许多研究都证实了语音意识的发展水平能够预测后续阅读的发展与水平。至今为止最为全面的有关语音意识结构的分析研究之一是由瓦格纳等人（1994）进行的。他们的研究提出了另一种观点。他们运用验证性因素分析探索了不同的因素结构，这些因素结构可以解释语音意识任务之间的协变（covariation）。他们所用的语音意识测验包括了音位删除和分割、声音分类与分享及三种混合任务。尽管如此，到目前为止，语音意识因素结构的实际本质仍然是模糊的，还需要大量的补充与验证性研究加以证实。

第二节　语素意识

一　语素意识的定义

所谓语素（morpheme），从构词法的角度出发，布洛姆菲尔德（Bloomfield，1933）做出了定义，它是指词最小的有意义的结构单位，或者说是最小的有意义成分。

从语法角度上看，语素就是最小的音义结合体，用以表达语义的最小单位，不可再分解。它在口语中是由音位构成的；而在文字形式的语言中，它是由最小的书写单位字素构成的（Spencer，1992）。

语素有不同的类型。在英语中常见的分类方法是将语素分为派生语素，例如"helpful"中的"－ful"，它能改变词性或者词义；复合语素，例如"strawberry"中的"straw"和"berry"；以及屈折语素，它表示的是词的语法变化，例如表示复数概念的"－s"，表示时态的"－ed"、"－ing"等（McBride－Chang、Wagner、Muse Chow & Shu，2005）。本研究对英语语素采用相同的分类标准，但是该分类标准不适合汉语，汉语缺乏形态变化，没有严格意义上的屈折语素和派生语素。

语素作为基础的语言单位之一，在学习中具有重要地位，因此也引起了研究者对语素意识（morphological awareness）的关注。语素意识是元语言意识的一种（Ehri，1979；Nagy & Anderson，1999）。在相关文章中各研究者对英语语素意识都有自己的理解。

卡莱尔（Carlisle，1995：194）最早给语素下定义为"语素意识是指儿童对词内在结构的认识及对语素结构进行反应和操作的能力"。这个定义内涵在于将词分解成语素，并通过重组语素建构起对这个词意义的理解。Koda（2000：299）的定义遵循了同样的模式。她拓展了语素意识的概念，针对儿童和学生，不限他们的年龄，把语素意识定义为："学习者对形态结构（单词中的语素构成方式）的掌握，以及他们运用知识进行识别单词时的形态加工能力。"格林（Green，2003）认为语素意识是对意义相关的词的结构的敏感程度，它包含屈折和派生的知识。语素意识是指通达到词义的关于词的语素结构的意识（McBride-Chang，2005）。

佩恩（Payne，1977）认为语素是最小的语法语义单位。语素知识有助于对语素意识的理解。郭和安德森（Kuo 和 Anderson，2006：161）认为："语素意识是个体关于语音形式和语义信息如何匹配以及语素的构词规则的知识。"

以上的定义明确表明语素意识的本质是对形态结构的识别以及对这种技能的运用。

语素意识的分类是按照语素分类进行的。印欧语中，因为语素可以分为屈折（inflectional morpheme）、派生（derivational morpheme）和复合（compounding morpheme）三类，相应的就存在屈折语素意识、派生语素意识和复合语素意识。

屈折语素意识即知道词根再加上相应的词缀后能够转变语义或词性，变成另一个复杂词的能力。复合语素意识是指儿童理解和分析复合词的结构，使用语素知识猜测词义和产出新词的能力。例如儿童从"football"这个单词就可以推测出用手玩的球叫"handball"。由于语言的差异，我们认为汉语儿童复合语素意识的发展可能比英语儿童更好，因为汉语中复合词占了很大比例。

英语研究中广义上将语素划分为自由语素和粘附语素两类。不需要与别的语素结合就可以独立成词的语素叫自由语素，如："rely, car, teach"；相反，必须与别的语素结合才能构成词的语素叫作粘附语素。粘附语素又分为屈折语素、派生语和粘附词根三类（Ku & Anderson，2003）。屈折语素主要表达数量、时态、所有格或者人称变化的意思，不改变词本身的意思，一般也不会涉及词根语音的改变。屈折语素又被分为八种不同的类型（Owens，2005）。大多数的屈折语素都有着各种功能，比如，语素"s"用来表示复数形式"books"，或者表示所有格的形式"Jim's book"，还可以用来表示一般现在时动词的单数第三人称形式"she asks"；语素"ed"可以表示规则动词的过去式和过去分词，如：

"asked"；语素"ing"则表示现在分词的形式，如"doing"；语素"er"、"est"用来表示形容词和副词的比较级和最高级形式，如"taller"、"tallest"。屈折语素并不改变原来词根的语法性质，同时屈折语素的数量也相对是固定的；而派生语素则不同，派生语素以词缀的形式出现，分为前缀和后缀两种，可以改变词的意义和词性，派生语素比较多。比如"inappropriateness"中的后缀"*ness*"把原来的形容词"appropriate"变为名词，前缀"in"则把原来的词义改变了。粘附词根指不能够完全表达独立语义，必须与派生词缀或者自由词根连接使用才能完全独立成词的语素。复合语素是由两个或两个以上自由语素构成的新词，这是派生的另一个方面（McBride-Chang，2004，p. 68），例如：复合词"classroom"是由两个自由语素"class"和"room"构成。

这里主要集中在对屈折语素（inflectional morpheme）、派生语素（derivational morpheme）和复合语素（compounding morpheme）的研究。相应的就是屈折语素意识、派生语素意识和复合语素意识。

二　语素的加工理论模型

对于语素的加工理论模型公认的主要有三个（张琦，2007）：

（一）多层聚类表征模型：这个模型认为，在词的识别过程中包含语素表征和整词表征两个层次，实质是语义表征。在同一层内部的单元相互竞争，层与层之间的单元相互促进。在通达整词之前要经过语素这个层次。

（二）多层次交互激活模型：这个模型是在英语的多层次交互激活模型的基础上提出来的，该模型认为，输入的刺激先激活语素单元，再由语素单元激活整词单元。词义的通达虽然是由整词单元完成的，但语素单元也可以直接激活语素的意义表征。激活可以向上扩散，也可以向下传播来加强低层次单元的激活水平。

（三）IIAC 模型：该模型认为，在通达表征系统中存在语素和整词两种表征，这两种表征存在于同一个层内，在同一水平上，语素通路和整词通路是相互合作关系，在词的识别中同时起作用，它们的关系依赖于复合词的语义透明度。

这三种理论模型都显示了语素心理表征的存在，为我们研究语素意识奠定了心理学基础，使语素意识不再是凭空想象的心理意识。至于语素通路是否必经、语素通路与整词通路之间的关系并不是本书的研究重点。

三　语素意识的研究领域

语素意识很重要，它涉及不同的语言，也涉及同一种语言学习的各个方面，例如语素意识能影响词汇发展和阅读理解；它涵盖的内容丰富，能从不同的角度进行分析，例如英语语素结构意识就包含复合、派生和屈折语素意识三类。本书进行文献回顾的目的，就是要总结前人的研究，了解语素意识自身的发展情况，及其对语言学习不同方面造成的影响。

（一）语素意识的发展

印欧语以英语为代表，对语素意识自身发展的研究已经比较充分。按照传统的语素意识分类，我们试从屈折语素意识、派生语素意识和复合语素意识三个角度来看语素的发展。

1. 屈折语素意识的发展

屈折语素意识发展最早。伯科（Berko，1958）对儿童屈折语素意识进行了首次探讨，试验中让 3—7 岁的儿童运用复数、动词时态和所有格形式回答一些包含假词的问题。例如试验人员拿出一张像鸟一样的图片问："This is a wug. Now there is another one. There are two of them. There are two—"，儿童应该回答 "wugs"。当时的研究已经发现学前儿童具有了屈折语素知识，而且到小学一年级这些知识仍然处于发展状态。

对其他拼音语言的研究得出了类似结论。例如在芬兰语中，因为单词较长且高度屈折，儿童在两岁半以前就能产出简单、常用的屈折形式，而到 5 岁时口语已经接近成人使用的屈折形式（Lyytinen，1987），也就是说芬兰儿童 2—4 岁的阶段都在活跃地使用屈折语素（Karlsson，1999）。

屈折语素意识也包含很多类，比如表示过去时的 " - ed"，表示所有格的 "'s" 等。很多研究就集中探讨的是屈折语素意识的某一个方面。例如在研究复数词尾 " - s" 时除了 Berko（1958）采用的 "wugs" 测试，Treiman & Cassar（1996）还巧妙地把 " - s" 结尾的词分成了单语素词和双语素词（"Mars" 和 "bars"，匹配长度），如果幼儿园和小学的儿童没有发展起语素意识，那么他们在两种词上的成绩应该一样。但最后的结果显示儿童在双语素词上的成绩更好，即更倾向于在双语素词而不是单语素词中保留 " - s"，证明他们已经开始发展屈折语素意识了。

总的来说，以前的研究对屈折语素意识的发展以及一些很重要的屈折形式都进行了较深入的探讨。但是这些研究只适用于以印欧语为母语的儿童，其屈折语素意识的发展规律是否能推广到汉语儿童的英语学习中去？汉语儿童的屈折语素是否也最先获得？这是本书关注的问题之一。

2. 派生语素意识的发展

屈折语素意识在四岁左右开始发展，而派生语素意识要晚一些。卡莱尔（1995）已经发现幼儿在语素产出任务中，透明派生词的成绩不如屈折词。他们只具备基础的派生词知识，远远落后于对屈折词的理解（Anglin，1993）。这可能是因为与屈折语素相比，派生语素虽然数量多但使用频率低，所以儿童必须先接触派生词，具备一定基础知识后，才能发展起派生语素意识。有研究也证实要到小学四年级左右，儿童才会形成比较外显的派生词意识（Anglin，1993；Carlisle，2000；Tyler & Nagy，1989），而且该意识还会继续发展，直到中学才能完善（Mahony，1994）。

派生语素意识在印欧语中有特殊的地位，因为派生构词是最重要的构词法之一，而且派生词在语素复杂词中所占的比例很高。在派生语素意识中，还有一种很重要的意识是语素相关意识。

泰勒和纳吉（Tyler & Nagy，1989）的实验就考察了语素相关意识，他们让四、六、八年级的儿童为句子中的目标词选择合适的解释。其中一半目标词是由高频词根构成的低频派生词，另一半是高频的词根词。结果发现四年级儿童已经具备识别派生词中相似词根的能力。马托尼、辛森和曼恩（Mathony、Singson & Mann，2000）进一步要求3—6年级的儿童从填充项目中（ear-earth）区分出有派生关系的词对（nature-natural），也发现儿童派生词知识随着年级的提高掌握得更好，语素相关意识和词的分解能力显著相关。

实际上，英语儿童接触的大量新词都是由熟悉的词根和词缀组成的派生词（Anglin，1993），对英语派生词语素意识的研究已经说明了它的重要性，但是与屈折语素意识的研究相同，英语派生语素意识的发展能否推广到汉语儿童的英语学习中去仍是问题。

3. 复合语素意识的发展

复合语素意识的发展也比较早。伯科（1958）首次探索了儿童的复合语素意识，要求儿童解释例如"thanksgiving"这类词的词义，但当时没有考虑语素的频率，所以儿童的成绩很不理想。而克拉克、格尔曼和莱恩（Clark、Gelman & Lane，1985）对英语儿童复合语素意识的研究发现，两岁半左右的儿童已经开始发展复合语素意识，到五岁左右发展完全。Clark & Berman（1987）使用儿童熟悉的词合成新的复合词，结果也发现四岁以上的希伯来语儿童基本上都能识别出复合词的语义。后续的英语研究认为儿童在一年级已经掌握了主要的名词复合规则。

汉语的研究中，郭和安德森（2003）对台湾和美国二、四、六年级的儿童进行了跨语言的比较，使用了三个测试，发现每个年级的台湾儿童都比英语儿童的复合语素意识好。张洁（2004）对普通话儿童进行的复合结构意识的测验，最后也得出了二年级儿童已经发展起了一定的复合结构知识，但是到六年级还没有完全掌握的结论。

总体来看，对印欧语为母语的儿童来说，屈折和复合语素意识可能在读写学习之前开始发展，而派生语素意识要到中年级才开始获得。同时，复合语素意识的发展受多方面的影响，比如复合语素意识因为语言的差异，在汉语儿童中的发展可能比英语儿童的好。

（二）语素意识的作用

1. 语素意识在不同语言中的差异

语素作为语言单位，总存在于特定的语言中。因为语言差异，语素意识的发展情况也不一样，在不同的语言学习中产生的影响也可能不同。例如郭和安德森（2003）发现中国儿童对派生语素的学习不如对语素复合规则的掌握情况好，可能就反映出了汉语词汇中派生构词远远少于复合构词的情况。类似的研究也发现英语的屈折语素很重要，而在缺乏形态的汉语中不太有用。

麦克布莱德昌等人（2005）的跨语言研究，也证实了语素意识对不同语言的学习影响不一样。他们分别对中国北京和香港地区，以及韩国、美国的二年级儿童进行了语音意识、语素结构意识、词汇和单词认知的测试。发现语素意识和阅读的相关，在汉语中达到了 0.27，粤语中达到 0.23，韩语中达到 0.21，而英语只有 0.06，说明了语音意识对英语阅读更为重要，而语素意识对汉语和韩语阅读更为重要。

语素意识在不同语言中有差异，反映在外语或者第二语言的学习中就是一种语言的语素意识会对另一种语言的学习产生影响，造成语言间的迁移。比如王燕、陈宝国和陈雅丽（2006）就对汉英双语语素意识进行了比较。他们考察了 64 个移民到美国的汉语儿童的语素意识、语音意识、口语词汇、字词阅读和篇章阅读，发现英语的复合语素意识在控制汉语成绩后对汉字阅读和篇章阅读有显著影响。研究者因此认为儿童迅速发展的英语技能，使第二语言反作用于母语。

2. 语素意识与语音意识的关系

由于口语的语素是由音素构成的，所以语素和语音单元紧密相连。很多情况下，比如在英语的阅读中，无论语素意识还是语音意识都需要把词分解成小的单元（语素和音素），所以二者更多地是共同作用，难以区分。但究竟是语素意识还是语音意识占主导地位一直是学界探讨的热点。

一些研究认为语素意识是第二性的，从属于语音能力。研究者指出，在回归分析中如果先放入语音意识，后放入语素意识，阅读成绩的改变很少，只有4%或5%，这说明即使语素真的能独立于语音意识，产生的影响也很小（Shankweiler et al.，1995；Fowler & Liberman，1995）。

另一些研究者则提出了反对意见，他们认为语素意识独立发挥作用是有可能的，因为拼音语言中确实存在语素和句法的信息，语素意识起的作用少并不说明它不起作用或者说起的作用是次要的。语素意识很可能是和语音意识作为整体的元语言意识在发挥作用（Arnbak & Elbro，2000；Berninger et al.，2003）。

研究者还进一步对语素意识能够独立发挥作用作出了肯定。纳吉、贝尔宁格、阿尔伯特、沃恩、韦尔默朗（Nagy、Berninger、Abbott、Vaughan & Vermeulen，2003）就发现在语音能力和口语词汇被控制时，对二年级有阅读困难的儿童，语素意识在阅读理解中有显著作用，而对四年级学生，虽然语素意识和口头词汇不再能显著地预测阅读，但是语素意识和词语朗读相关（文章假设二年级处于说的关键期，四年级处于写的关键期）。郭和安德森（2003）进行的研究也发现，当词汇知识被控制时，语素意识对二、四、六年级的中国和美国儿童的阅读有极好的预测力。

此外，还有一种观点认为，语素意识在阅读发展的初级阶段起的作用很微弱，但是随着儿童阅读能力的发展，语音意识所起的作用会逐渐减弱，而语素意识所起的作用会逐渐增强。卡萨雷斯和路易斯·亚历山大（Casalis & Louis-Alexandre，2000）就发现法语一年级儿童的语素意识对阅读理解没有任何显著作用，但是对二年级儿童，语素意识在智力和词汇量控制的情况下解释了35%的阅读理解变异。卡莱尔（2000）的研究中也发现三年级英语儿童的语素意识解释了阅读理解43%的变异，而五年级解释的变异增加到了53%，但是该研究没有将词汇量和语音意识考虑进去，因此语素意识的贡献可能被高估了，但是仍可看出语素意识在阅读中越来越重要这一趋势。

在不同的文字系统中，语素意识与语音意识之间的联系也有差异。语素意识与语音意识的关系在像英语这样的拼音语言中，比在非拼音语言中更紧密（Mann，1986；Read、zhang、Nie & Ding，1986）。拼音文字的阅读或拼写，需要把单词分解为音素，因此对音素的固定表现形式——语素的学习又会加强学习者的语音意识和读写能力（Carraher，1987；Olson，1996；Nunes，1998），而非拼音语言中，可能不会出现这种情况。

目前，语素意识与语音意识作用孰大孰小仍然存在争议。本研究的兴趣是看在第二语言的学习中，英语语素意识和语音意识的相关性，以及在排除语音意识的作用之后，语素意识能否独立地影响词汇和阅读。

3. 语素意识与词汇的关系

儿童语言的学习过程也是词汇的学习过程。关于词汇的学习，目前的一种看法是儿童学会了语素归纳（generalization），也就是对不认识的词进行的语素分析（Wysocki &Jenkins，1987），这种分析能够帮助他们理解生词，增长词汇。泰勒和纳吉（1989）让儿童推测有熟悉词根的低频派生词词义，怀特、索厄尔和亚那吉哈拉（White、Sowell & Yanagiliara，1989）让儿童先学习语素知识，再测试他们对生词的类推，都证明了语素意识对词汇学习有积极作用。

此外，有关熟练读者的研究已经证明启动词和目标词之间的语素关系影响词汇决定任务和单词认知任务上的成绩（Nagy、Anderson、Schommer、Scott & Stallman，1989；Taft & Zhu，1995；Zhang & Peng，1992）；同时，也有研究发现儿童的语素意识测试在英语和汉语中都与词汇知识有关（Ku & Anderson，2003）；Mahony、Singson & Mann（2000）在小学生中采用语素识别测试，发现词汇和语素意识之间相关达到0.40；卡莱尔（2000）采用两项产出任务，要求三年级和五年级的被试写出正确的派生形式和定义语素复杂词，结果显示两项任务上的表现都与词汇和阅读理解高度相关。

语素意识对词汇影响最为重要的一方面是能帮助词汇的增长（Nagy & Anderson，1984；Sternbers，1987；White、Power & White，1989）。尤其是对于儿童，在语言学习中会遇到大量不熟悉的词，其中大部分是语素复杂词，比如在美国每个五年级的儿童平均会遇到大约1万个生词，其中

4000 词就是词根熟悉的派生词（Anglin，1993；Nagy、Osborn、Winsor & Flahavan，1994）；对美国一年级和五年级儿童的词汇学习进行的研究也发现派生词的数量增长是新词根词增长的三倍，这就证明了词汇学习的过程多少依赖对语素的分析。

研究者一直认为语素意识在词汇增长中是重要的。例如，桑德拉（Sandra）指出，语素是促进习得多语素词汇并增强对这些词汇的记忆的重要机制。卡莱尔提出语素意识可能是非常重要的，因为语素解码及其问题解决给人们提供了一种理解和学习书本中所使用的大量派生词语的方式。儿童所遇到的很大比例的生词都是语素复杂的。纳吉等人做了一项评估，一个普通的美国五年级学生在一年的时间里在阅读中遇到的 1 万个生词中，大约有 4000 个是高频词的派生词。根据安丁（Andin）对 1—5 年级的美国学生词汇增长的研究，同样的学生所认识的派生词汇的数目的增长是其所认识的词根词汇数目增长的三倍多（1.4 万个派生词，4000 个词根词汇）。在派生词汇知识上的这种高比例的增长，反映了依赖于语素分析的习得过程的一部分。

对于儿童的语素意识和词汇习得的关系，现在流行的观点是，具有语素知识的孩子会把生词分解成熟悉的有含义的单元（前缀、词根和后缀），然后通过联合各单元获得词汇的意思。例如，前缀 dis - 的意思是不，或者相反，所以当第一次碰到单词 disobey 时。儿童就会很好地利用语素知识获得正确的意思：不服从。把一个生词分解为单元，然后重新将单元组合成有意义的整体的过程，能够使孩子了解新遇到的单词的意思，并且可能会加强对这些词汇的记忆。因此，在小学期间，语素意识被认为是促进孩子词汇快速增长的重要因素。

儿童的语素意识帮助词汇发展，但它是如何与词汇产生联系的呢？目前的看法是儿童有能力把生词分解成有意义的单位，比如词根、前缀、后缀，再把它们合起来推断生词的意思。例如从"dis"（不）和"- obey"（顺从）中可以推断出"disobey"（不服从，违抗）的含义。韦索奇和詹金斯（Wysocki & Jenkins，1987）就此考察了二、四、六、八年级的儿童从语素分析中推断语义的能力，儿童首先学习一些词，两周后被要求推测一些与学过的词有或没有派生关系的新词的词义，最后结果显示与学过的词有关系的派生新词的掌握情况要好于没有关系的，说明儿童的确采用语素分析来推断词义。研究者由此认为语素意识是低年级儿童的词汇增长的一个重要因素（Nagy & Anderson，1984；Tyler & Nagy，1990；White & Power，1989）。同时，语素意识也是词汇知识的良好预测指标，也有研究发现它能预测幼儿和二年级儿童 10% 左右的词汇变异（McBride-Chang、Wager、Muse、Chow & Shu，2005）。

对于语素分析能否派生出词汇的意思，有学者进行了一些研究。韦索奇和詹金斯对四年级、六年级、八年级的孩子进行了研究。首先教给孩子们一些单词，两周后要求孩子们推测单词词义，这些单词有的与他们在训练课上学过的单词有派生关系，有的没有。例如，教孩子们"doting、stipulation"和"repudiate"等词汇，后面的测试包括有派生关系的词，如"dote""stipulate""repudiation"，也包括一些无关单词，如"transgress""abate""incipient"。结果表明各年级的孩子在那些与学过的单词有派生关系的词汇上的表现更好。这个结果证实儿童能够通过语素分析获得单词意思。

词汇是语言学习的基础，是语言学习的一个重点，理解词语的语素结构能促使儿童理解、编码并记忆生词的意思。总之，对儿童词汇习得的研究已经清晰地表明了语素意识对理解词语意思的重要性。因此本研究也希望能考察中国儿童语素意识对词汇发展的影响。

4. 语素意识与阅读的相关性研究

在有形音对应规则的英语中，语音意识虽然重要，但是系统中也存在语素形态，比如"there"、"their"和"they're"的发音相同，语素和拼写却不一样，此时只有将语素考虑在内，单词才有意义。它是对书写系统进行内部观察的途径。

语素意识帮助语义的理解，因此它对阅读的帮助很重要。在研究中，阅读理解一般分为字词阅读和篇章阅读两种。字词阅读是字词水平上的阅读，是对字词语义的理解。而篇章阅读则是对一段或者一篇文章的理解，不仅要求对单词进行解码，还要求能理解和分析阅读的内容。因此，语素意识在这两种阅读上起到的作用可能不同。但实际情况究竟怎么样呢？这是本书的研究方向之一。

（1）语素意识与单词阅读

以前对单词阅读影响因素的研究大量集中在语音意识上（Goswami & Bryant，1990；Ho & Bryant，1997；Hu & Catts，1998）。后来发现语素也能帮助单词阅读。比如给出"kissed-list"、"Socks-box"、"trees-freeze"

这类词，它们词尾发音相同，但拼写不一致，前者属于双语素词，而后者属于单语素词，这里是语素结构将他们区分开的（Carlisle，2003）。

除了区别同音词，语素意识还能帮助儿童识别相关的语素形式，分解复杂词，推测词义，故研究者也开始积极探讨语素知识与单词阅读的联系。布里顿（Brittain，1970）首次研究了语素意识对单词阅读的作用，7—8 岁的儿童被要求写出假词的屈折形式，其成绩在控制智力后与阅读整体相关。莱昂（1989）是让 9—11 岁的儿童完成单词产出任务（production task），即在句子语境中填写派生词或者词根词，其成绩也能很好地区分出了儿童的阅读能力。同理，福勒和利伯曼（Fowler & Liberman，1995）也发现阅读能力不好的学习者在识别口语的基础语素，以及找出语音复杂语境中的语素关系上确实有困难。马赫尼、辛森和曼恩（Mahony、Singson & Mann，2000）对 3—6 年级儿童，卡莱尔（1995）对幼儿和 1—2 年级儿童，泰勒和纳吉（1989）对四、六、八年级的儿童，马赫尼（1994）对高中和大学生，纳吉、贝尔宁格、阿尔伯特、沃恩和韦穆伦（2003）对有阅读困难的二、四年级儿童进行的词缀意识的研究也都发现语素意识与单词阅读能力相关。

其他语言的研究，例如同属印欧语的法语，卡萨雷斯和路易斯·亚历山大（Casalis & Louis-Alexandre，2000）对幼儿、1—2 年级儿童进行的测试也证实了语素意识和语音意识能解释阅读理解上产生的变异，是影响法语学习的重要因素。

（2）语素意识与篇章阅读

语素意识与单词阅读联系密切，但是和篇章阅读怎么样呢？缪斯（Muse，2005）认为语素，尤其是派生词后缀和句子停顿、词序等一起，都是对句子语义结构的提示信息。

卡莱尔（2000）以三年级和五年级儿童为被试，测试了派生语素结构意识和阅读的成绩，最后发现语素意识解释了字词和篇章阅读 41%—55% 的变异，而且，语素意识对五年级的阅读预测能力比对三年级的强，是阅读理解独特的预测指标。但是该研究没有控制智力、语音意识等其他语言能力，所以其中语素意识起的作用并不纯粹。纳吉、贝尔宁格和阿尔伯特（2006）的研究显示语素意识任务与 4—5、6—7、8—9 年级儿童篇章阅读理解的成绩相关分别达到了 0.76、0.65 和 0.59，也都很显著。

语素意识在阅读理解中的作用也是随着学习变化的。卡莱尔（1995）

的纵向研究中，对幼儿和他们一年级时分别进行了语素产出任务的测试，在其二年级时单独进行阅读理解的测试，最后发现在排除语音意识的作用后，幼儿的语素意识对二年级时测试的阅读理解成绩没有什么作用，而一年级时的语素意识却显著作用于阅读理解，解释了其中 10% 的变异。

因此，专门对语素意识进行训练可能会强化篇章阅读的习得（Elbro & Arnbak，1996；Fu & Huang，2000；Nunes、Bryant & Olsson，2003）。

总的来看，语素意识对阅读理解的作用一直是研究者关注的重点。这方面的研究很多，尤其是在单词阅读上，而涉及篇章阅读的相对较少。本书的研究既包括单词的阅读也包括篇章理解，旨在排除了语音等因素的影响后，从一个整体的角度考察语素意识对阅读的贡献，并同时进行语言间的比较。

以往研究语素意识与阅读关系主要从理论角度进行的。郭和安德森（2006）提出语素意识与阅读相关的三个原因。首先，语素能代表一定的声音、意义和语法信息，因此，语素意识整合了与语言相关的其他能力，比单独的语音意识和句法意识更能预示着元语言意识的能力（Carlisle，1995：192）。其次，语素意识间接与阅读相关。成年读者的心理词典的组织方式是按形态进行，形态知识为有效储存词汇提供了系统框架（Sandra，1994），因而，拥有丰富形态学知识的儿童比其他儿童就更容易习得形态复杂的单词，学龄儿童在学习过程中碰到这样的词汇占 60% 以上（Anglin，1993）。由于词汇对阅读的提高起着重要作用（Anderson & Freebody，1981），所以语素意识与阅读的关系是通过词汇建立起来的。最后，许多写作系统和语音一样代表着形态信息。Kuo 和 Anderson（2006：163）提出了"同构原理"，表明了语素不随语音变化，而与正确拼写形式高度相关。就如"sign"与"signature"判断两个词的关系是通过拼写形式而不是语音的变化。

第三节　句法意识

一　句法意识的定义

对于什么是句法意识，目前还没有一个统一的定义。下面列举一些研究者的定义：（1）句法意识是一种有意识地思考语言的句法方面的能力，是有意识地控制语法规则的能力（Gombert，J. E.；1992）。（2）句法意识是理解语言句法的能力，也称为语法敏感性（So & Siegel，L. S.；1997）。（3）句法意识是理解语法的规则和句子建构方式的能力（Layton，A.；1998）。（4）句法意识是指理解语言基本的语法结构的能力（Chiappe，P.；2002）。

通过以上几个定义可以看出，句法意识实际上就是理解句法规则和操纵控制句法规则的能力。虽然学者们对这一概念基本认同，但值得注意的是，正如语音意识的概念存在的分歧一样，不同的学着对句法意识所包括的范围有不同的认识，对句法意识所下的操作性定义不同。这主要体现在具体的研究中学者们用于测试句法意识所使用的句法知识不一致。高科斯和龚伯特（Guax 和 Gombert）认为用于句法意识测试的句法错误主要包括语素不规则（morphemic anomalies）和词序颠倒（word inversion）两个方面。而且他们在研究中发现，语素意识对阅读理解的影响是通过其对语音解码和单词再认的作用实现的，而词序意识对阅读理解具有直接的预测作用。戈塔尔多、斯坦诺维奇和西格尔（Gottardo、Stanovich 和 Siegel，1996）在其研究中认为，用于句法意识测试的句法错误应包括五个方面：（1）句子中的语序颠倒，如，"clipped his hands Mark"。（2）短语中词序颠倒，如，"the bear brown growled"。（3）主语和谓语动词不一致，如，"children's mother work very hard"。（4）主语和系动词不一致，如，"one of children are sick"。（5）功能词使用错误，如，"They want to visit their relatives on England"。尽管上述研究对句法意识的范围认识不同，但学者们在给句法意识下操作性定义时都力求遵循系统全面的原则，并根据被试的年龄特点进行测试范围的选择。在这一原则的指导下，笔者把被试对时态、词序、主谓一致、短语搭配、冠词使用等句法规则的操纵、控制能力作为本研究句法意识测试的范围。在文献中，句法意识有时和语法意识（grammatical awareness）、句法技能（syntactic skill）等术语混用，由于它们没有严格的界限区分，而且研究者使用这些术语关心的都是人们对句子结构的理解和监控力，所以本书统一使用了"句法意识"（syntactic awareness）这个词语。

二　句法意识的研究方法

（一）句法意识的测量

怎样测量句法意识是句法意识研究中首先要解决的问题，前人采用的测量方法主要包括：

1. 句子复述（Repetition）：请被试对口语形式呈现的句子进行复述。

2. 句法判断（Judgment）：请被试根据一定的语法规则来判断句子的正确性。

3. 错误指定（Localization）：请被试指出句子中有语法错误的精确位置。

4. 句法纠错（Correction）：请被试对句子中存在的句法错误进行纠正，并说出正确的句子。

5. 句法复制（Replication）：请被试在更正错误语法的基础上，根据正确的句法结构产出一个句子。

在复述任务中，被试要逐字地模仿那些与日常习语相悖的、不符合语法规则的句子，这时，他需要把主要的精力投入句法形式，而不是句子的语义信息。这种要求对年幼儿童是比较困难的。普拉特（Pratt，1984）在进行句法意识测试时发现，对于年幼儿童来说，即使告之在实验中他们的任务只是模仿这些错误的句子，他们也倾向于自发地、无意识地去纠正句子，这种倾向随着年龄的增长而降低。因此，在复述任务中，自发地纠错意味着被试没有探察出句法错误，此方法可以间接地测查出被试句法意识发展状况，但只适合年龄较小的被试。

评价一种实验任务的标准，主要是看它是否有效地服务于实验目的。对句法任务进行评价时有两个方面的问题值得注意。首先，句法意识是一种元语言能力，指外显地操纵和控制句法的能力，因此，意识性是评价句法意识测试任务的一个重要指标。其次，句法与语义之间有着复杂而微妙的联系，因此，必须保证测量任务的纯净性，尽量排除语义信息干扰。龚伯特（1992）认为判断任务的主要缺点是它无法有效地区分语义和句法信息。如果一个句子的语义信息有悖常规，这些信息会帮助儿童判断句子的可接受性，儿童的判断不一定只是基于句法信息。句法纠错任务的缺点是，被试很可能基于言语习惯，自发地、无意识地产出正确的句子。鲍依（Bowey，1986）精心设计了一种句法意识测试方法，此方法的基本假设是句法纠错任务既包括意识成分，又包括无意识成分，因此，用被试纠错任务中的成绩减去模仿任务中无意识纠错的成绩即为句法意识成绩。鲍依采用此设计研究发现，学前到二年级儿童的句法意识逐步增强，此后平稳发展，但这种方法也主要适用于年龄较小的儿童。

复制任务是龚伯特等人在对已有研究方法进行分析，克服已有测试任务缺陷的基础上设计而成。在进行复制任务时，被试必须有清晰的句法知识并进行精确的分析，因此，该任务的完成是建立在外显的句法意识基础上的。德蒙特和龚伯特（Demont & Gombert，1996）采用判断、纠错和复制任务对 60 个平均年龄为 6 岁 6 个月的儿童进行了研究，其理论假设认为测试任务具有外显性，对阅读理解的影响越大，因此，复制任务比其他两项测试任务对阅读理解预测作用更大。但研究结果表明，判断任务是对语音解码和阅读理解都具有影响的、最可靠的预测变量，其次是纠错任务，而复制任务对二者都没有显著的贡献，此结论没有支持实验假设。但是高科斯和龚伯特（1999）认为有两个问题是值得注意的，首先，此研究中所测被试年龄较小，复制任务对他们来说难度较大，得分较低（正确率仅为 2.1%），因此影响了该任务对阅读理解的预测作用。其次，年龄较小儿童的阅读水平较低，在初始阅读中，他们更多地将精力集中于单词识别，而不是集中于理解句子，因此，进一步降低了句法意识对阅读理解的贡献率。他们对前青春期的儿童进行研究得到了相反的结论，证实了他们先前的实验假设，即句法意识测量任务越具外显性，对阅读理解的预测作用越大。

测量句法意识的方法很多，但是每一种方法都各有自己的优、缺点，很难说哪种方法是最好的。句法意识的测量较容易受到其他语言或认知技能的干扰，例如在测量句法意识的同时还测量了语义，或者测量句法意识的同时受到工作记忆能力的影响，或者混淆了句法意识与句法知识等，因此目前研究者通常会把多种方法结合起来使用，共同评估句法意识的发展水平。

（二）句法意识的发展研究

为了对句法的发展更清楚地认识，研究者曾经讨论过不同方面句法发展的区别，这对句法意识的每一个方面如何与不同程度阅读相关，以及用什么样的任务来测量句法意识提供了信息。龚伯特（1992：189—191）假定了具有四个连续阶段的模型解释儿童元语言意识的发展。他相继莱顿（Layton）等人（1998）将句法意识的发展分为四个水平（Layton，1998）：获得默许的句法规则的知识水平；获得自动的修补策略；知道句法规则的存在并能够识别出来；把句法知识反应在语言中或相关的任务上。前面两个水平都是句法上升到意识水平之前必经的准备阶段，其中第一个水平为后来句法意识的发展提供必需的句法知识，第二个水平是自动地监控和修正句法，从第三个水平开始才进入了句法意识时期。这样一种划分可以使我们更清楚句法意识的范畴，也为我们测量句法意识提供了一个指标。大量的句法意识研究（Bowey，1986；Tumer、Nesdale & Wright，1987）通常只涉及到前两个水平，龚伯特（1992）认为高水平的句法意识在反映语言意识方面，比低水平句法意识要宽泛得多，与较高级的阅读相关联。因此，在研究句法意识与阅读的关系时，同时研究高水平和低水平的句法意识能更好地反映句法意识在阅读中的作用。

在波兰尼（Polanyi）（参见 Shang Jinjun，2006）划分句法意识为隐性和显性的启发下，姜雪凤（2003）区别了两种水平的句法意识发展。波兰尼介绍了隐性知识的概念，按照呈现的形式假定知识可以划分为隐性和显性。隐性知识作为一种不明确的知识，呈现的形式是内在的、抽象的方式。而外显性知识则是一种既定的知识，以明确的、清晰的形式呈现（参见 Shang Jinjun，2006）。波兰尼（1958）认为我们清晰的言语可能永远不可能取代，但又必须依靠隐性知识。他认为句法意识分为隐性和显性是比较合理的。第一个仅限于隐性句法知识，隐性的句法知识并不能反映句法意识。拥有这个水平的学生只能根据句法规则输出句子，但他们缺乏使用句法规则的意识。第二个水平可再分成两种水平，用来反映不同的句法意。这两个水平则称为基本句法意识和高级句法意识。基本句法意识的呈现和提取形式是显性的。拥有这个水平的学生可以识别各种句法规则，但他们在自动提取句法规则上还存在困难。而高级句法意识的呈现是显性的，同时在提取句法规则时是自动的、无意识的。总之，句法意识的发展是从低级的隐性句法意识到更高级的句法意识。

通过比较，我们可以得出姜雪凤和莱顿的观点相同，罗宾逊（Robinson）和罗森（Lawson）在句法意识发展的结果上的观点一样。两种观点都是基于句法意识是隐性的句法知识这个前提，继而隐性知识变成显性知识。本研究采用的是姜雪凤句法意识发展所持的三种水平的句法意识发展观点，隐性句法知识、基本句法意识和高级句法意识。

（三）双语学习与句法意识发展的关系

国外研究表明，双语儿童的句法意识较之单语儿童具有显著的优势，比亚韦斯托克曾经对句法意识进行过一系列的双语研究。他根据句法规则和语义两方面的正确与否设计出四类句子，包括句法规则和语义都正确、句法规则正确而语义不正确、句法规则不正确而语义正确、句法规则和语义都不正确。通过考察5—9岁英法双语儿童对句子语法的判断，了解句法意识和双语之间的相关性，结果发现在句法规则正确但语义不正确的判断任务上，双语儿童的成绩要优于单语儿童；在句法规则和语义都不正确的情况下，单语儿童的成绩要优于双语儿童；而在另两类的判断任务上，二者没有显著差异（Bialystock，1986）。在句法纠正任务上，双语儿童的成绩要优于单语儿童，但是两类被试的差异不显著。比亚韦斯托克用一个他本人提出的元语言意识的两成分模型来解释这一现象。他认为，元语言意识的两大成分语言知识分析和语言加工分析在元语言任务中的重要性不同，分析和控制分别在语言知识任务和分析情形任务中发挥不同的作用。因此双语儿童在语言加工分析上比单语儿童更具有优势，而在语言知识分析上，两类被试则不一定有所差异。格拉姆布斯对西班牙语和英语双语儿童的调查中，发现了双语儿童在句法意识不同难度任务上的成绩都要优于单语儿童（Galambos，1990）.

目前国内关于双语儿童的句法意识的研究鲜有开展，对我国双语儿童（汉—英两种语言）句法意识的研究，本研究将从两种不同文字体系的双语学习角度对双语儿童的英语句法意识的研究加以补充。

三　句法意识与阅读理解能力发展的关系

句法意识和阅读能力之间的关系是句法意识研究中的一个中心问题，这方面的研究既强调句法意识的预测力，又强调句法意识的教育实践意义。其中探讨的焦点问题包括：句法意识水平的高低和儿童阅读能力发展水平之间是否存在相关？如果存在相关，这种关系是直接的，还是句法意识通过其他因素影响儿童阅读能力的发展？

（一）句法意识与阅读能力的发展的相关性

沃格尔（Vogel，1975）报告了一个关于语法能力与阅读成绩之间的相关的研究（Vogel，1974）。他比较了阅读困难男孩和同年龄阅读能力正常的男孩在一系列语言任务上的成绩。利用完形填空和语法判断任务来测量句法意识。这两组儿童年龄在七岁四个月到八岁五个月之间，在年龄、IQ、词汇、社会经济背景等方面都进行了匹配。结果发现，阅读能力正常儿童比阅读困难儿童在其他语法测量上的得分要高，但是两组儿童在语法意识任务（主要是语法判断）上的得分没有差别，而且判断的正确性都处于随机的水平。因此这一研究没有发现句法意识与阅读成绩之间的相关。沃格尔将这一结果解释为这两组儿童都没有理解语法判断任务的要求，或者两组儿童都还没有发展出正确语法判断的能力。

威洛斯（Willows）等人（1986）研究一、二和三年级的儿童句法意识的发展与阅读能力发展的关系（Willow、Ryan，1986），结果发现，只有口头完形填空成绩显著预见了阅读理解成绩的差异，而句法纠正、句法错误定位和句子重复等任务没有显著地解释阅读理解成绩的方差变异。但是他们使用的完形填空任务中包含了内容词的填空，所以根据他们的实验还不能得出句法意识与阅读能力之间存在相关的结论。

鲍依（1986）考察了句法意识与阅读技能和即时阅读理解监控（on-going reading comprehension monitoring）的关系（Bowey，1986）。她假设阅读技能较少的读者对于组织良好的语法结构的意识落后于熟练的读者，而这种落后与他们不能监控当前的阅读理解有关。他们把 48 个四年级和五年级的儿童分成了阅读熟练和不熟练组，采用错误模仿和错误纠正任务测量句法意识，同时要求儿童阅读一段材料并复述故事，然后回答主试提出的问题作为阅读任务。结果显示，熟练读者比不熟练读者句法意识的成绩好；句法意识与即时阅读理解监控能力的成绩显著相关。这一研究说明，句法意识与阅读能力的发展存在着一定的关系。

上面介绍的这些研究，基本属于句法意识研究的早期阶段，研究方法比较单一，研究的内容也多局限于简单地探讨句法意识与阅读成绩之间是否存在相关，但是阅读本身是一种复杂的认知活动，它需要多种能力和技能活动的参与，而且它的测量可以在词、句子等多个水平上进行，因此早期的研究对于句法意识和阅读理解不同成分之间的关系，以及句法意识影响阅读能力发展的机制等都没有广泛深入地研究，但是这些研究工作为后来的研究奠定了基础。

（二）句法意识如何影响阅读能力的发展

20 世纪 90 年代以后句法意识与阅读理解关系的研究向更加细致和深化的方向发展，例如，注意把句法意识与阅读理解的关系的研究具体到不同层面的阅读，即分别考察句法意识与词的编码（recoding）和解码（de-coding）、词的认知、句子和课文理解等的关系；开展关于句法意识影响阅读过程的机制的研究等。尽管 20 世纪 90 年代后的研究，多数人认为句法意识的发展与儿童阅读能力的发展之间存在相关，但是在一些基本问题上仍然存在分歧，例如，句法意识是直接影响着儿童阅读能力的发展，还是通过其他的中介因素对阅读能力的发展产生影响？

1. 语音缺陷性假设

桑克维勒（Shankweiler，1992）等人的语音缺陷性假设认为，语音加工的缺陷是阅读能力差的主要原因。该假设认为语言加工的信息是从语音加工单方向向上到达句法和语义加工系统，而工作记忆则是这个信息加工过程的中转站。当语音加工能力不足时，语音加工中的缺陷就会成为整个信息加工的瓶颈，从而阻止了信息向更高级的加工水平进行传递。

按照语音加工缺限性假设的观点，句法加工的缺陷只是更基本的语音加工缺陷的副产品。语音加工与阅读理解过程有着直接的因果关系，语音加工的困难干扰了拼写—读音对应关系（spelling-sound correspondences）的获得，因此导致高水平的语言加工被干扰；而句法加工任务对阅读理解的作用是间接的。语音缺陷性假设表现在实验的结果上，就是存在一种不对称性，即在回归分析中如果语音变量被剔除，句法意识对阅读理解能力不会有预测作用，但是反过来不成立。

语音缺陷性假设得到了一些实验的支持。例如，戈塔尔多等人（1996）考察了112名三年级儿童语音敏感性、句法加工、词的工作记忆与阅读理解的关系（Gottardo、Stanovich、Siegel，1996）。阅读理解能力是通过假词阅读、词的识别和篇章阅读理解三种任务测量的。句法意识通过句子判断任务和句子纠正任务测量。回归分析的结果发现，句法加工没有解释任何阅读理解能力上的变异，但是语音敏感性和工作记忆对阅读理解能力有独立的贡献。具体来说，在解码（通过假词阅读测量）和词识别的测量上，语音敏感性是很强的预测变量；三个预测变量在对解码和词识别的预测中存在不对称性。也就是说，在排除了句法意识和词的工作记忆后，语音意识对回归方程的独立预测贡献，大于排除语音意识后，句法意识和词的工作记忆对方程的独立预测贡献。在阅读理解的测量上，工作记忆的贡献最大，语音敏感性虽然相对较小，但也达到了显著水平，而句法意识的作用不显著。研究者认为，语音敏感性是阅读理解能力更有力的预测因子，句法意识是通过语音的中介对阅读发生作用的。

尽管语音缺陷性假设得到了一些实验的支持，但是后来越来越多的研究者对这种把阅读困难归因于单一因素的假设表示质疑。他们认为阅读是一个复杂的过程，而阅读能力的发展受到很多因素的影响，而且各影响因素作用的途径和时间也各不相同。所以，除了语音意识以外，句法意识也是独立影响阅读能力发展的因素之一。

2. 以工作记忆为中介的解释

语音限制性假设一方面假设了语音意识在儿童阅读发展中的决定性作用；另一方面也描述了工作记忆在其中扮演的角色。桑克维勒和克雷恩（1986）等人把研究中发现的句法意识与阅读理解之间的相关，解释成工作记忆作用的结果。也就是说，由于阅读困难的儿童存在工作记忆方面的缺陷，而工作记忆的缺陷影响了儿童在句法意识任务上的成绩，因此人们测量到的阅读困难儿童的句法意识也比较差。戈塔尔多等人（1996）的实验不仅发现对于儿童的解码和词的识别来说，语音意识的贡献最大，支持了语音限制性假设，而且也发现对于儿童的阅读理解来说，工作记忆的贡献最大，语音敏感性虽然相对较小，但也达到了显著水平，而句法意识的作用不显著，这事实上支持了桑克维勒和克雷恩的观点。

但是正如语音限制性假设受到了人们的质疑一样，也有人认为将句法意识与阅读理解的关系归因于工作记忆的影响，这种解释过于简单。他们认为句法意识对阅读理解有更直接的预测作用。

3. 句法意识直接预测阅读能力的发展

屯门（1992）等人的研究证明，句法意识在控制了语音意识之后仍能解释词的解码能力中的变异（Tunmer、Hoover，1992）。他们认为，句法意识与阅读的成绩可能有着直接的因果联系。句法意识对阅读成绩的影响可能通过下列两种方式进行：第一种方式是句法意识使得读者能更有效地监控他们正在进行的理解过程（Bowey，1986）。在阅读的过程中，理解监控是一种执行功能，熟练的读者使用理解监控，使得阅读的课文有意义。句法意识高的读者，这种理解监控过程更有效。第二种方式可能是，句法意识帮助儿童获得语音编码的技巧（Tunmer、Bowey，1984）。首先，儿童要获得形素—音素的对应关系（grapheme-phoneme correspondence）的知识需要经历较长的时间，初级的读者不会记住他们遇到的所有不熟悉的词语。在获得所有形素—音素对应的知识前，句法意识较好的儿童，能够反映句子的结构特征，然后利用有关句子语境限制的知识，再结合不完整的正字法和语音信息来认识那些不熟悉的词汇，也就完成了他们在阅读中对单词的解码。其次，使用语境信息的能力可以帮助初学者发现一些拼写模式有多于一个以上的发音。例如字母系列"ough"在"cough"、"rough"、"dough"里面分别有不同的读音，当遇到这样一个包含同形异义拼写模式的不熟悉单词时，那些具有语法意识知识的被试能够产生不同的发音，直到有一个读音与听到过的单词的发音匹配。雷戈（Rego，1997）的实验部分地证明了这种可能的句法意识影响阅读的机制（Rego，1997）。他们对48名葡萄牙语儿童在他们幼儿园毕业时进行为期一年的字母—发音的阅读教育，然后比较这组儿童与没有经过这种特殊教学的儿童在句法意识、语音意识、词阅读、语境中的词阅读、阅读理解等方面的成绩差异。结果发现语音意识与词的阅读能力密切相关，与阅读理解的成绩也相关；句法意识不能预测词阅读的发展，但是可以预测在语境中的生词阅读和阅读理解成绩。

后来，普拉扎（Plaza）等人（2003）根据他们研究的结果提出了一种有关语音意识、句法意识等因素与阅读能力关系的综合模型。该模型认为阅读障碍问题并不是语音加工缺陷单一因素导致的结果，而是受到语音、句法等多种因素的综合作用，句法意识能够独立地解释阅读能力的方差变异。他们对267名一年级法语儿童分别进行了阅读能力、拼写、语音加工、句法意识（句法判断和纠正任务）和词汇命名速度等方面的测量。结果发现：拼写和阅读成绩高度相关，并且它们与句法意识、语音意识、记忆和命名速度都有显著相关。把语音意识、句法意识、命名速度和记忆作为自变量对拼写和阅读进行回归分析时发现，前三个变量在其他变量加入回归方程后仍可以独自解释方差变异的2.0%、14.0%和8.0%，并达到显著水平。研究者认为语音加工、句法意识和命名速度综合预测了阅读和拼写能力。

穆特（2004）等人在一项纵向研究中，考察了语音意识、词汇知识、句法意识与词的认知和阅读理解的关系。他们把音素、韵律（rhyme）、词汇和句法意识作为预测变量，词的认知和阅读理解作为因变量，对90名儿童进行了为期两年的研究，从儿童入学（平均年龄四岁九个月）开始分三次施测：每年的9—10月进行测验，第一次主要测语音能力，包括三个关于韵律的测验。两个音素测验，一个字母知识测验，一个词汇测验和一个早期的词的认知测验。第二次除了第一次的测验外，还测验了儿童词序纠正、语素产生（类似完形填空）和单词阅读能力。第三次主要是进行课文阅读能力测验。研究结果表明，阅读能力的不同方面受到语言技能的不同方面的影响。其中词的认知的成绩受语音技能，尤其是字母知识和音位的敏感性影响较大，而韵律的技能、词汇知识和句法意识对词的认知成绩的影响较小；但是对于课文阅读理解能力来说，词汇知识和句法意识预测了课文阅读理解的成绩，而语音技能则没有作用。穆特等人的研究结果非常重要，因为这一研究清楚地表明，不同的元语言意识可能影响阅读理解的不同方面，具体来讲，对应低水平的阅读理解，例如词的认知，语音意识可能起着非常重要的作用，但是对于高水平的阅读理解，例如课文或者段落的理解，句法意识起着更为重要的作用。所以，句法意识不是语音意识的副产品，语音意识和句法意识可以独立地影响阅读能力的发展，而且这种影响可能有不同的机制。

　　其实德蒙特等人（1996）在穆特（2004）等人的研究之前，也曾采用纵向研究的方式考察儿童语音意识、句法意识等元语言意识对阅读的两种不同成分，即词的编码和阅读理解的影响，得到的结果和穆特等人的实验结果一致。同时，德蒙特等人（1996）还发现，随着儿童年龄的增长，句法意识对儿童阅读理解的预测作用变得越来越重要。也就是说，句法意识对阅读能力的发展的影响，不仅可能随着所测量的阅读能力的侧重点不同而不同，还可能随着施测年龄的不同而呈现出差异。

　　综上所述，经过几十年的研究，有关句法意识与阅读能力的关系的研究逐渐取得了一定的共识，即句法意识是预测儿童阅读能力发展的重要因素，这种预测作用可能独立于语音意识的预测作用。但是有关句法意识的发展，句法意识与阅读能力的关系等课题，仍然存在许多问题有待进一步研究。

（三）语音意识、句法意识与阅读之间关系的研究

　　语音意识与阅读之间有着密切的联系已被大量的研究证实。因此学者们的兴趣点从确证二者的关系转为更进一步的的研究：首先，建立语音意识与阅读之间的因果关系；其次，阐明各种语音测试任务之间的关系；最后，探讨语音加工技能与对阅读有影响作用的其他高级语言能力的关系。其中，语音意识与句法意识的关系问题是一个备受学着们关注，也是争议较多的问题。

　　以屯门为代表的研究者认为，句法意识、语音意识以及语用意识是元语言技能的一个方面，受元认知能力发展的影响，在阅读理解中独立起作用，是阅读理解的独立预测变量。屯门和胡佛（1992）研究表明，即使

在语音能力被控制的条件下，句法意识也可以解释解码能力的变异。这一研究结论为确立句法加工技能在阅读中的独立的理论地位提供了数据支持。

　　然而桑克维勒等人（1992）在对阅读不良儿童研究的基础上提出的"语音限制假说"认为，不良阅读者的主要问题是语音加工存在缺陷，而且语音加工的缺陷会产生"瓶颈"效应，进一步影响其他语言加工过程的进行。他们认为在阅读过程中信息要从语音加工开始经过句法分析和语义加工向上流动，因此低水平的语音加工缺陷会产生"瓶颈"效应，阻碍信息向高水平的流动，即阻碍句法加工的进一步进行。"语音加工缺陷理论"似乎想找到对阅读能力有影响作用的决定性因素，试图将儿童阅读困难的复杂原因归结为语音加工缺陷的结果。因此，根据该理论，语音意识对阅读应该具有决定性的作用，而句法意识对阅读只具有间接的影响，如果语音意识成为被控制的条件，那么句法意识对阅读将不具有预测作用。戈塔尔多、斯坦诺维奇和西格尔（1996）对 112 名三年级儿童语音意识、句法意识、工作记忆以及单词再认、假词拼读和阅读理解能力进行了考察，采用等级回归分析表明，在控制句法意识、工作记忆的条件下，语音意识仍是阅读成绩强有力的预测变量，然而在语音意识和工作记忆被控制的条件下，句法意识对单词再认、假词拼写、阅读理解不具有预测作用，该理论证实了"语音缺陷性假说"。

第四节　已有研究存在的不足及本研究设想

一　已有研究存在的不足

　　综观以往研究，已有研究存在以下两个方面的不足：

　　（一）已有关于语音意识、语素意识和句法意识对阅读的影响研究争议颇多，这与各种实验设计的过程中测试任务、测试材料、阅读材料、控制条件以及被试选择的不一致有很大关系。如，高科斯和龚伯特（1999）在研究中指出："许多研究对儿童的记忆能力没有加以控制，这必然在某种程度上影响句法意识与阅读的关系。""被试的年龄以及学习程度不同，因此在阅读中运用句法的能力就有很大差异，这也许是解释有的研究中发现句法意识对阅读有直接的影响，而有的研究发现句法意识对阅读只有间接的预测作用的一个重要原因。"

（二）绝大多数有关元语言能力与阅读关系的探讨都集中在母语阅读中，关于元语言能力对第二语言阅读的作用及机制研究较少。元语言能力在母语阅读获得中起着重要作用，这一观点已得到大量研究证实。然而，第二语言学习具有不同于母语学习的特殊性，在第二语言学习中，语音意识、语素意识和句法意识是否也同样地发挥作用呢？不同学习水平儿童的语音意识、语素意识和句法意识是否存在显著性差异？三者在第二语言阅读中的理论地位如何？这些问题的回答十分必要，因为它对第二语言的学习指导，尤其是阅读指导有重要意义。

二　本研究设想

根据以上分析，笔者认为，语音意识、语素意识和句法意识对阅读的作用及机制因具体条件的不同而变化，探讨两种元语言能力对阅读影响的一般机制和模式固然重要，但更重要的是考察在具体教学条件下，对于某一年龄阶段的儿童来说，语音意识、语素意识和句法意识对其阅读的具体影响及机制。因此，本研究拟在已有研究的基础上，对我国初中二年级学生的英语语音意识、语素意识和句法意识的发展状况以及三种元语言能力与英语阅读的关系作出考察，以期为开展有针对性的英语教学实践提供依据。

在国外研究的基础上，我国学者王燕、林崇德和俞国良（2002）对我国普通中学学生在英语学习中的语音意识、句法意识与阅读理解能力的关系进行了考察。结果发现，除了在假词拼读能力上存在缺陷外，英语学习不良儿童在其他语言能力——英语语音意识、听觉语音工作记忆及视觉言语工作记忆上均不存在发展滞后现象；在对儿童的阅读理解能力进行预测时，假词拼读、语音意识、语素意识、句法意识和听觉工作记忆是较好的预测指标。此研究对揭示我国儿童在英语阅读中的认知特点具有重要意义。值得说明的是从国内的研究看，语音意识、语素意识和句法意识的研究才刚刚开始，已有的研究很多还是尝试性的。如，王燕、林崇德和俞国良在研究中对语音意识的考察主要采用的是音素定位任务，测量任务的简单化也许是导致英语学习优秀儿童与英语学习不良儿童测试成绩不显著的一个主要原因。正如研究者在讨论中所指出的"音素定位任务难度较低，因此，导致了不同英语学习水平儿童之间测试结果之间并不显著。"所以，笔者认为已有的研究有待进一步验证和深化。

外显性与意识性是元语言能力的突出特征。在语音意识、语素意识和句法意识的研究过程中，如何实现外显知识和内隐知识的有效分离应是测试任务设计和选择的关键，也是评价一种测试任务优劣的关键。然而已有的句法意识研究中所采用的判断和纠错任务并没有实现内隐知识和外显知识的有效分离，复制任务虽然建立在精确的句法分析的基础上，但又受其他因素，如被试单词水平和短时记忆能力的影响。因此，本研究拟在已有研究的基础上，对句法测试任务进行尝试性改进，以期实现内隐句法知识和外显句法知识的有效分离。

研究人们的观点和看法是如何实现的心理表征理论（The representational theory of mind）（Field，1978；Fodor，1978）认为一句话或一个观点的产生实际上包括提取的内容和提取的过程这两个相互依存又相互独立的方面：提取的内容是储存在大脑中的各种知识的表征，这种表征反映了事物及其存在状态，哲学家称之为知识库（knowledge box），认知学者称之为数据库（data base）。提取的过程是人们在具体情境中如何使用这些表征。该理论提出了将知识产出的内容和过程进行分离的思想，对我们深入认识儿童句法意识的发展具有一定的启发意义。根据该理论，我们将儿童的句法规则的表征方式和提取方式分离开来，即将儿童的句法知识发展分为三个层次：第一个层次为内—内句法知识阶段，即，句法规则的表征方式和提取方式均是内隐的。儿童虽然能按照一定语法规则产出句子，但对这些规则缺少明确的意识，也就是说内隐地、自动地使用句法知识阶段。第二个层次是外—外句法知识阶段，即，句法规则的表征方式是外显的，提取方式也是外显的。处于该阶段的儿童虽然能在意识层面说出各种语法规则，但却不能自动地提取使用。第三个层次是外—内句法知识阶段，即，句法规则的表征方式是外显的，但却可以内隐地、无意识地提取。处于该阶段的儿童既能在意识层面了解各种语法规则，又能无意识地自动使用这些规则。第二和第三层次的句法知识都是以外显的形式表征的，都属于句法意识范畴。

以该假设为前提，我们以判断和纠错任务为主要内容，将句法测试任务分为两步：第一步为无意识地判断，让被试迅速判断句子中是否存在句法错误；第二步为有意识地句法判断，让被试仔细思考，重新判断句子是否存在句法错误，并纠正。对于某一句法知识而言，如果被试在第一个阶段判断正确，在第二个阶段判断错误，可以认为该被试的该句法知识处于第一个层次；如果被试在第一个阶段判断错误，在第二个阶段判断正确，可以认为被试的该句法知识处于第二个层次；如果被试在两个阶段判断正确，说明该被试的句法知识处于第三个层次。

下篇　实证篇

第一章

研究设计

本章对研究设计的主要内容进行详细的论述，其中包括研究问题、研究对象、研究工具、数据收集与分析。

第一节 研究问题与研究对象

一 研究问题

在国内外已有研究的基础上，本研究拟从元语言意识的三方面与英语阅读关系入手，元语言意识包括语音意识、语素意识和句法意识，为了能够清楚地反映出元语言意识的诸要素与英语阅读理解的关系，研究设计了以下系列研究问题。

（一）英语语音意识与英语阅读理解是否具有显著的相关性

1. 不同英语水平的学生英语语音意识发展如何？

2. 英语语音意识对英语阅读理解的作用？

（二）英语语素意识与英语阅读理解是否具有显著的相关性

1. 不同英语阅读理解水平的学生英语语素意识、词汇量的总体水平如何？

2. 英语语素意识、词汇量对英语阅读理解的作用？

（三）英语句法意识与英语阅读理解是否具有显著的相关性

1. 英语句法意识的总体水平如何？不同类别学校的学生句法意识有何不同？

2. 不同类别学校学生的英语阅读理解水平、英语解码能力、单词量和工作记忆水平如何？

3. 英语句法意识对英语阅读理解的作用？

（四）英语语音意识、语素意识、句法意识与英语阅读理解的交互作用

1. 英语语音意识、英语语素意识与英语阅读理解的关系？

2. 英语语音意识、英语句法意识与英语阅读理解的关系？

3. 英语语素意识、英语句法意识与英语阅读理解的关系？

4. 英语语音意识、英语语素意识、英语句法意识与英语阅读理解的交互作用？

二 研究对象

本研究选取初二的 360 名学生作为研究被试，其中重点学校和非重点学校学生各 180 名。从重点学校和非重点学校中各选取 6 个班，每个班随机抽取 30 名学生，所有被试中女生 160 人，男生 200 人。被试的平均年龄在 13 岁左右。

所有被试都来自中国西部同一个小城市——天水。他们的语言环境相同，英语是他们的第二语言也是第一外语，他们正式开始学英语都是在小学三年级，母语均为汉语。本研究在开始做测试任务时，所有被试已经有五年的英语学习经历。选取初二学生作为研究被试的主要原因是中国西部偏远地区大多数学生英语基础差，尤其本研究被试的所在城市又是一个西部偏远地区的小城市。本地区的大多数小学生学英语只是兴趣性的学习，虽然在小学开设了英语课程，但多数学校都把英语视为副科，没能给予重视。在小学阶段结束升入初中的考试中，英语成绩也只是作为参考而已，所以大多数学生的英语学习真正是从初一才开始，经过一年的系统学习阶段后，他们才拥有基本的英语语法知识和一些结构稍微复杂的词汇。因此，只有在此阶段给予他们一定的词汇测试任务、语音测试任务和句法测试任务才能保证有完整的测试结果。本地区不像以前的研究都集中在发达的大城市，如果把测试对象放在小学生上，他们几乎没有任何的语法和语音知识，拥有的词汇量也非常少，测试的结果不能真正反映出预想的结果。

第二节　研究工具与数据收集

一　研究工具

由于目前国内和国外没有统一标准的测试工具，因此本研究所有的测试任务都是借鉴前人的研究工具自行设计的测试任务。本研究的工具是一系列的测试题，在研究中是采用一系列的测试语音意识测试题、工作记忆测试题、词汇量测试题、语素意识测试题、句法意识测试题和阅读理解测试题。

（一）英语语音意识测试任务

语音意识测试任务采用音节意识、音位意识和韵脚意识测试来完成，要求被试根据录音和具体测试题的要求完成。

1. 音节意识测试任务

音节测试任务运用音节测试题来完成。共有十个单词，被试根据所听到的录音中的单词音节进行计数，把音节的个数写在规定的地方，例如："te/rri/ble（3个）"，"noo/dle（2个）"。每题1分，共10分。

2. 韵脚意识测试任务

韵脚意识测试任务用韵脚意识测试题来完成。依次向被试呈现十组单词，每组由三个单词构成，其中有两个单词是互相押韵的，如"mop""told""hold"，要求被试听音后挑出与其他两个单词不同的那个词。正式测试前有一个练习题。每题1分，共10分。

3. 音位意识测试任务

音位意识测试任务用音位意识测试题来完成。依次向被试呈现十组单词，每组单词中有两个单词。要求被试比较两个单词相对应的每对音是否相同，如"letter、matter"，这两个词的第三、四个音是相同的，第一、二个音不同，被试应在答题卡上的第三、四个音的位置上画钩"√"，在第一、二个音的位置上画叉"×"。只有同时答对音位个数并正确比较每对音的异同才算正确。正式测试前有两个练习题。每题1分，共10分。

（二）英语语素意识测试任务

英语语素测试任务包括三部分，分别是屈折语素知识测试题、派生语素知识测试题和复合语素知识测试题，整个语素测试题的分数由三部分加起来的总分得出。

1. 屈折语素意识测试任务

屈折语素意识测试采用努内斯（Nunes，2006）的句子类比任务，另外稍作修改。这项测试有 8 个小题，每一个小题中有两组句子，要求被试根据第一组句子中屈折语素的变化规则，写出与第三个句子拥有相同屈折语素变化的第四个句子。比如："She smiles. She smiled. She cries. She cried."在测试题前有例子，如果被试在做测试题时有困难，可以给予详细的解释。这项测试题中涉及规则和不规则的名词和动词变化形式。每做对一个小题得 1 分，共 8 个小题，总分为 8 分。此项测试的内部一致性信效度系数为 0.787，由于本测试题只有 8 个小题，因此，此信度是合理的。

2. 派生语素意识测试任务

派生语素意识测试题是基于卡莱尔（2000）的派生分解任务，再做修改而成。测试题有 20 个小题。在每个小题的句子前给定一个自由语素，要求被试运用派生知识来完成句子。例如，"farm / My uncle is a farmer."；或者是给定了派生词，要求被试删除派生语素继而恢复词根。例如："popularity / The song is very popular."测试题前有例子，如果被试在做题时仍有困难的话，应该给予详细的解释。每个小题 1 分，共 20 个小题，满分 20 分。此项测试的内部一致性信效度系数为 0.814。

3. 复合语素意识测试任务

复合语素意识测试题是采用了麦尔布莱德昌（2005）的测试任务。该测试题有 15 个小题，每个小题有两个句子为一组，第一个句子是对复合词的解释，第二个句子要求产生一个复合词，这个复合词与第一个句子的复合词结构相似。例如："The paper is white, we call it white paper. The paper is red, we call it _____."在测试题前有两个例子，如果被试仍然还有疑问的话，应该给予详细的解释。满分是 15 分，每做对一个句子得 1 分。此测试题的内部一致性信效度系数为 0.852。

（三）句法意识测试任务

句法意识测试题采用语法判断任务，此测试题采用了约翰逊和纽伯特（Johnson & Newport，1989）的测试任务，并根据具体情况稍加修改。语法错误改正任务包括十种类型的改错：（1）动词过去式形式的测试，有规则和不规则动词形式；（2）名词复数形式的测试，包括规则和不规则复数形式；（3）第三人称主谓一致的测试；（4）现在进行体的测试；（5）助动词的测试；（6）代词的格、性和所有格测试；（7）冠词的测试；（8）动词分类测试；（9）一般疑问句测试；（10）特殊疑问句测试等，共26个句子。要求被试先判断句子正确性，进而进行改正。本测试不同于前人大多数研究测试的是，此测试题不是口头形式上的测试，而是采用笔试的形式。在测试题前给定了例子，如果被试在做题过程中有困难的时候应该给予提示和帮助。每个题1分，满分为26分。此测试题的内部一致性信效度系数为0.745。

（四）词汇量测试任务

初中英语教学大纲规定，要求学生拥有词汇量为1500—1600个单词。本词汇量测试任务是依据词汇表，按照初中新课标要求测试学生已经掌握和没有掌握的单词数量。测试题中的100个单词是从词汇表中每间隔15个单词抽取1个单词选取出来的。每个单词有三个选择项，如果被试完全不知道某个单词的意思时，他们可以选择A，这样得分就为零分；如果他们见过这个单词，但是不知道词义时，可以选择B，这样得分就为1分；如果他们知道词义并且至少能写下一个正确的意思时，就选择C，这样就可以得2分；如果他们写得不正确，就只能得1分。所有测试结束后计总分。

（五）言语工作记忆测试任务

言语工作记忆测试任务采用句子尾词广度测试任务。共十组句子，每组句子由两部分组成，第一部分为二个、三个、四个、五个或者六个句子组成句子组；第二部分为与前面句子组内容相关的问题，要求被试根据问题前的句子组的实际内容回答问题。

（六）阅读理解测试任务

阅读理解测试任务通过选取难易程度不同的阅读材料来测试。阅读理解测试题共有六个阅读片段，分为难、中、易三种水平的阅读材料各两篇。难度较大的阅读材料的通过率为49.3%，中等难度的阅读材料的通过率为63.9%，容易的阅读材料的通过率为92.8%。每篇阅读材料后面都有五个问题，题型为四选一的单项选择题，要求被试根据阅读材料内容选择正确答案，共有30个选择题，每题答对得1分，满分30分，最后计总分。

二 实验程序

由于测试任务比较多，包括语音意识测试、语素意识测试、词汇量测试、句法意识测试、工作记忆测试和阅读理解测试。根据测试所需的器材和时间，将这些测试任务进行归类，为避免被试的疲劳，整个测试分六步进行，分别在六个月内完成，每个月完成一项测试，所有测试都在英语课老师的协调和帮助下完成，

（一）阅读理解测试

采用团体施测，被试统一作答，测试时间为 45 分钟。

（二）工作记忆和句法意识测试，即快速句法判断测试

采用分组测试，每 30 个人为一组。实验材料用计算机呈现。被试将答案写在答题纸上。

1. 工作记忆测试

依次向被试呈现出二、三、四、五、六个句子组成的句子组各两个。句子呈现时间长短的原则是保证被试将整组句子恰好能看完一遍，最短呈现时间为 6 秒，最长时间为 15 秒。每组句子呈现之前由铃声提醒被试集中注意力。句子呈现后会紧跟着呈现一个与句子内容有关的问题，要求学生在答题卡上写出问题的答案和每个句子所包括的尾词。如：句子组为：

（1）I usually come to school by bike.

（2）I like milk very much, because it is good for me.

（3）It's your turn to read now.

（4）Let me tell you something about my little dog.

问题为：What do I like very much?

正确答案为：I like milk very much.

尾词为：bike、me、now、dog

以被试能回答出的最多的尾词数量为他的工作记忆容量。

2. 快速句法判断

依次向被试呈现 26 个句子，句子呈现时间为 2 秒，每个句子呈现前有铃声作为提示。要求被试迅速判断句子中是否有句法错误，答案有"对"、"错"、"拿不准"三种。

（三）语音意识测试

语音意识测试包括音节意识测试、韵脚意识测试和音位意识测试、语

音意识测试采用团体作答，统一用录音机呈现。

1. 音节意识测试

依次呈现给被试十个单词，要求被试根据录音机放出来的读音划分出音节，同时把音节的数目写在单词后的括号里。

2. 韵脚意识测试

依次向被试呈现十组单词，每组单词由三个单词构成，其中有两个单词是互相押韵的，要求被试根据录音挑出与其他两个不同的那个单词。

3. 音位意识测试

音位意识测试由于是学生平时几乎从未做过的练习题，为避免影响测试效果，在测试前，由其代课老师进行通过有代表性的例子进行详细讲解，让学生先进行几分钟的测试前的练习后再进行正式的测试。

（四）语素意识测试

由于语素意识包括三个方面，屈折语素意识、派生语素意识和复合语素意识，测试题也由三部分构成。

1. 屈折语素意识测试

被试平时的练习中很少接触此类型的测试题，偶尔老师在讲解单词的过程中，可能会碰到过，可是形式也是不同的，为了不影响测试效果，在进行测试前，代课老师通过例子给他们进行仔细认真的讲解，并进行练习后才进行测试。

2. 派生语素意识测试

派生语素意识测试由于被试平时做练习中，见过此类型的测试题，因此对本测试题并不陌生，因此不需要进行测试前的详细讲解和操练，直接进入测试，如果仍有疑问时，由其英语老师再进行个别辅导。

3. 复合语素意识测试

复合语素意识测试和派生语素意识差不多，被试虽然平时没有进行过专门的练习，但一看就会明白如何去做，因此在做测试题前，老师稍加引导，单个有问题的就进行个别讲解。

（五）词汇量测试

词汇量测试题的题型要求虽然与被试平时考单词的方法略有不同，但是被试看过测试要求也很容易明白如何去做题，测试题中出现的 100 个单词均是被试曾经学过的单词，因此，也算是和平时的单词测试题一样，不存在对测试要求有不理解的地方，每题 1 分，满分 100 分。

（六）有意识句法意识判断测试

把快速句法判断中的 26 个句子再次呈现给被试，请被试仔细思考，判断是否有句法错误，并将错误的句子改正过来。由于被试平时接触过此种类型的练习，所以直接进行测试，首先判断句子是否存在语法错误，如果没有错误，就不用进行改动，直接在句子后面画上对号；如果有错误，就在句子上进行标示改动，然后在句子后面把正确的答案写在句子后面。

三　数据收集、整理和分析

由于实验测试题量大，而且类型多，涉及的被试面广，历时半年多，为了达到每一次的测试结果与被试相对应，因此要求每一次的被试相同，而且被试的编号固定不变，这样就要求实验测试人员和被试所在班级的英语老师进行积极配合，六个月的所有测试结束后，所有的测试题进行汇编，把所有的测试结果和被试一一对应后，原来的 360 个研究被试中，有效测试结果为 306 份，因此有效的研究被试变成 306 人。

把有效的 306 份不同任务的测试结果输入电脑，利用 SPSS17.0 进行数据分析。分别采用了描述性分析、独立样本 t 检验分析、相关性分析和回归分析等得出的实验结果见以下的数据分析和讨论。

第三节　测试题的信度、效度检测

各测试题的信度和效度主要通过以下方法来完成。

首先，本研究内部一致性系数（Cronbach's alpha 系数、同质性信度）的测试见表 1 - 1。

表 1 - 1　　　　　　　　　　　信度系数

因素	项目数	克隆巴赫 a 系数
阅读理解测试	30	0.906
音节意识测试	10	0.809
音位意识测试	10	0.753
韵脚意识测试	10	0.865
屈折语素意识测试	8	0.787

续表

因素	项目数	克隆巴赫 a 系数
派生语素意识测试	20	0.814
复合语素意识测试	15	0.852
词汇量测试	100	0.871
句法意识测试	26	0.745
工作记忆测试	10	0.846
Total	239	0.857

一份信度系数好的测试题或问卷，总量表的信度系数在 0.80 以上，如果在 0.70—0.80，算是可以接受；如果是分量表，其信度系数最好在 0.70 以上，如果是在 0.60—0.70，也还可以接受，如果分量表的内部一致性 a 系数在 0.60 以下或者种类标的信度系数在 0.80 以下，需要重新修订或者增删题目。本研究以内部一致性系数（Cronbach's alpha 系数、同质性信度）为指标来鉴定测试题的信度，从表 1-1 系数检测结果来看，其中，除了句法意识测试、音位意识测试和屈折语素意识测试的 a 系数在 0.80 以下，其余测试的系数都在 0.80 以上，总测试题的 a 系数为 0.857，这说明本实验的所有测试题是比较稳定和可靠的，有较高的信度。

元语言意识可以反映出一定的语言能力，这种元语言意识能力可以表现在研究对象的学习语文、英语等科目的能力。本研究通过测量所得到的元语言意识情况和被试的期末考试语文成绩的比较，见表 1-2。

表 1-2   效度系数

		total	语文成绩
total	pearson correlation	1	0.478 **
	sig. (2 - tailed)	0.000	
	N	306	186
语文成绩	pearson Correlation	0.478 **	1
	Sig. (2 - tailed)	0.000	
	N	186	186

注：** 表示误差≤0.01。

通过相关分析可以发现语言能力的总分与参与研究的被试的语文考试

成绩间的相关系数 $r = 0.478^{**}$，$p < 0.01$，这表明该测试题所测的语言能力与被试的语文学习成绩呈明显的正相关关系，也就意味着该语言能力测试题具有相当好的效标效度，该语言能力测试题能有效地测量出学生的语言能力。

第二章

研究过程

研究过程由英语语音意识与阅读理解的关系，语素意识与阅读理解的关系，句法意识与阅读理解的关系，语音意识、语素意识和句法意识与阅读理解的交互关系四部分构成。

第一节　英语语音意识与阅读理解的关系

研究中，首先对不同英语水平学生的英语语音意识发展状况进行了比较，其次是英语语音意识与阅读理解的相关分析，再次是在相关分析的基础上进一步作了回归分析，最后对分析的结果进行了讨论和总结。

一　不同英语水平学生英语语音意识发展状况

不同英语水平学生的英语语音意识发展状况如表2－1所示，表2－1中组别下的1代表学习优秀组，2代表学习中等组，3代表学习不良组。表2－2显示了不同英语水平学生的语音意识（韵脚、音节和音位）的平均分和标准差。通过方差分析，表明在语音意识的韵脚、音节和音位意识三项任务上，不同英语水平的学生之间存在着显著的组间差异（P<0.01）。初二学生的韵脚意识和音节意识的平均分分别为9.21和6.25，而音位意识的平均分是4.17。初二学生的韵脚意识和音节意识要好于音位意识。

表2－1　　　　　不同英语水平学生的英语语音意识组间比较

组别		韵脚意识	音节意识	音位意识
1	人数	85	85	85
	平均分	9.51	7.31	5.81
	标准差	1.03	1.72	2.72

续表

组别		韵脚意识	音节意识	音位意识
2	人数	188	188	188
	平均分	9.26	6.12	4.02
	标准差	1.45	1.69	2.33
3	人数	33	33	33
	平均分	8.63	5.43	2.76
	标准差	1.46	2.51	2.48
总计	人数	306	306	306
	平均分	9.21	6.25	4.17
	标准差	1.43	2.09	2.86
	F（Sig.）	0.002	0.000	0.000

二　学生英语语音意识和阅读理解能力间的相关分析

学生英语语音意识和阅读理解能力的相关分析描述如表 2-2 所示。从表 2-2 中，我们可以看出，初二学生的英语语音意识与阅读理解能力之间存在着显著性相关（$r = 0.445$，$p < 0.01$）。韵脚意识与阅读理解呈现出显著性相关（$r = 0.311$，$p < 0.01$），音节意识与阅读理解相关系数也很显著（$r = 0.425$，$p < 0.01$），音位意识同样与阅读理解呈现高度相关（$r = 0.359$，$p < 0.01$），因此，可以说语音意识的三项任务也分别和阅读理解能力之间存在着相关。

表 2-2　　学生语音意识和阅读理解能力间的相关系数

项目		1	2	3	4	5
1 韵脚意识	r	1.000				
	p					
	n	306				
2 音节意识	r	0.221*	1.000			
	p	0.018				
	n	306	306			

续表

项目		1	2	3	4	5
3 音位意识	r	0.386 **	0.373 **	1.000		
	p	0.000	0.000			
	n	306	306	306		
4 语音意识	r	0.618 **	0.716 **	0.864 **	1.000	
	p	0.000	0.000	0.000		
	n	306	306	306	306	
5 阅读理解	r	0.311 **	0.425 **	0.359 **	0.445 **	1.000
	p	0.000	0.000	0.000	0.000	
	N	306	306	306	306	306

注：* $p < 0.05$（双侧检验）　　** $p < 0.01$（双侧检验）。

三　英语语音意识对阅读理解能力的预测作用

用逐步回归（Stepwise-Regression）法对学生的语音意识、阅读理解能力上的回归效果进行统计分析，结果如表 2 - 3 和表 2 - 4 所示。表 2 - 3 中用 X_1 代表英语语音意识，Y_1 代表因变量阅读理解能力。从上述回归模型可以看出，英语语音意识可以很好地预测学生的阅读理解能力。具体来说，当变量语音意识进入回归方程时，可以解释阅读理解中的23.7%的变量，调整后的解释率为 23.0%。用回归方程可以表示为：$Y_1 = 4.061 + 0.364X_1$。

表 2 - 3　　　　　　　学生语音意识对其阅读理解能力的回归模型

偏回归系数 B		标准回归系数 Beta	R	R^2	ADR^2	t	Sig
Constant	4.061	2.200	0.030				
X_1	0.364	0.487	0.445	0.237	0.230	5.874	0.000

表 2 - 4 的结果表明，解码时间对阅读理解不具有预测作用，解码错误对阅读理解有极其显著的预测作用，可以解释 0.163 的阅读理解变异。进一步分析表明，解码错误对不同难度的阅读理解均具有预测作用，它可以解释 0.134 的简单阅读变异；0.060 的中等阅读理解变异和 0.105 的难度阅读理解变异。表 2 - 4 反映解码时间越短，解码错误越少，阅读理解

水平越高。巴德利和希契（Baddeley 和 Hitch，1974，1995）提出的工作记忆模型认为，工作记忆由三个子系统构成：（1）中枢执行系统，这是一个注意的控制系统；（2）语音回路，它涉及言语的产生；（3）视空间系统，它保持和处理视觉的和空间的表象。语音回路专门负责口头言语的装置，它假定出两个成分组成：一个是语音存储装置，语音编码存储其中并随时间而不断衰减或消失；另一个是语音复述装置，它不断地通过复述加强正在衰减的语音表征从而将有关项目保持在记忆中。文字或图形通过复述装置变成语音的形式存储在语音存储装置中。这个模型实际上说明在言语活动中，包括阅读理解的过程中，语音编码起着非常重要的作用。在阅读活动中，经过语音解码转化后的言语信息将被编码并登陆在工作记忆中的一个专门的语音存储系统中，从而为阅读理解提供了一个缓冲区，使阅读理解得以实现。我国学者林泳海（1999）也认为，词是以抽象的语音形式在心理词典中进行表征的，任何语言信息的恢复必须使之通达到这些语音单位。已有的对母语阅读的研究表明，语音意识对阅读理解的影响是通过其对语音解码能力的影响来实现的。一定的语音意识发展水平可以帮助儿童利用形音一致性规则提高语音解码的速度和自动化，进而影响阅读水平。本研究结论再一次证实了语音解码在阅读理解中的重要作用。

表 2 - 4　　　　　　　　以解码错误和解码时间为自变量，
阅读理解为因变量的一元线性回归分析

阅读理解		简单阅读	中等阅读	较难阅读	
解码	B	- 0. 403	- 0. 366	- 0. 246	- 0. 323
错误	R^2	0. 163	0. 134	0. 060	0. 105
	T	- 4. 227 ***	- 3. 771 ***	- 2. 434 *	- 3. 279 ***
解码	B	- 0. 116	1. 893E - 02	- 9. 48E - 02	- 0. 129
时间	R^2	0. 013	0. 000	0. 009	0. 017
	T	- 1. 008	0. 182	- 0. 914	- 1. 248

四　讨论

（一）不同英语水平学生的英语语音意识发展状况

丁朝蓬、彭聃龄（1998）采用横向比较设计对小学二、四、五、六年级的汉语儿童的英语语音意识进行研究，结果发现汉语儿童的英语语音意识呈现出与英语儿童大致相同的发展趋势，韵脚意识发展得较早，音位意识发展得较晚。姜涛（1998）从音节意识、首音—韵脚意识以及音位意识三方而对汉语儿童的语音意识发展进行了系统的研究，结果表明，汉语儿童的语音意识发展表现为音节意识和首音—韵脚意识发展较早，音位意识发展较晚。这与英语语音意识的发展顺序是基本一致的。

本研究对我国初二年级学生的英语韵脚意识、音节意识和音位意识的发展状况进行了对比，结果表明，韵脚辨识的正确率高于音节辨识的正确率，音节意识的发展又好于音位意识。本研究结果与丁朝蓬等研究者的研究结果一致，这是由于儿童对语音单元的控制能力的发展主要取决于语音单元自身的难度。音位是语言的最小单位，每个音位片断并不直接存在于听觉声音的符号中，它没有相对应的听觉物理符号表征，一个单词往往对应许多的音位。语音运作的心理过程既体现主体性，也体现客体性。个体语音表征是抽象客体的主体生成。于是，儿童必须发展起对内在抽象客体进行意识的能力，发展起对客体进行控制的加工能力，才能对言语信号进行心理运演，把其转换为音位系列。因此，对音位进行控制要比对韵脚进行控制困难得多。

但本研究结果却与特雷曼和祖科夫斯基的研究结果不一致。特雷曼和祖科夫斯基探讨了年幼儿童在操作不同形式的语音意识任务中的成绩。在研究中，他们要求学前、幼儿园及小学一年级儿童判断一对词的开始声音或结束声音是否相同。在音节和音位任务中，儿童要比较两个词开始和结束的音节及音位。通过研究发现，英语儿童对音节内单元的意识，即首音—韵脚意识（onset-rime awareness）的发展要早于音位意识的发展而晚于音节意识的发展。一个可能的解释也许在于被试的选择和语音意识测试材料的不同（Chen, X., Anderson, 2004）。特雷曼和祖科夫斯基的研究是在西方国家进行，英语是儿童的母语；而本研究在中国进行，学生的母语是汉语，英语是作为外语进行学习的。

（二）学生的英语语音意识和阅读能力之间的关系

许多研究表明，语音意识在儿童阅读能力发展中占有重要的地位。一定的语音意识对于儿童发现形音之间的对应规则，利用非词汇机制进行语音编码是必要的。它可以使初学者进行有效的语音分解和合成，建立起书面语和口语的对应关系，从而确认不熟悉的单词以提高单词识别的速度和自动化程度，在提高编码速度的同时，可以减轻阅读中语音记忆的负荷，提高阅读理解水平。布兰德利和布莱恩特（Bradley 和 Brayant，1983）用语音意识测验来测查儿童对基本语音单位的辨别和操作能力。测验发现，阅读困难儿童在反映语言发展水平的语音意识测验中，得分显著低于正常儿童。这表明语音意识与儿童的阅读能力有直接的关系伯菲特（1987）通过实验得出结论：当字母、音素间的对应能迅速实现时，文章阅读的准确率和效率都能提高。黄和汉利（Huang & Hanley，1994）在对英国以及中国台湾和香港地区 8—9 岁小学儿童进行的研究中，发现英国儿童的语音意识与其阅读能力之间存在着密切的相关，而汉语儿童阅读能力的发展对其语音意识能力的依赖度较低；对于中国香港和台湾地区的儿童来说，是否借助于字符识别—注音符号进行汉字学习对其阅读能力并无显著影响。王燕（2002）等以初三和高一年级的学生为被试，通过对英语学习不良儿童语音意识能力发展状况的研究，考察了儿童在英语学习中，语音意识、句法意识与阅读理解能力的关系，结果发现，儿童的语音意识技能与阅读理解能力之间存在显著相关。王雪纯（2006）以 67 名艺术系的大学二年级学生为调查对象，探讨语音意识与英语阅读的相关性，研究结果表明，对中国成人外语学习者而言，语音意识与阅读能力之间不存在显著相关性。

本研究为了了解初二学生的英语语音意识和阅读能力之间的关系，通过学生的韵脚比较、音节计数、音位计数和比较任务来进行语音意识的测试。结果表明英语语音意识和阅读能力之间存在显著相关（$r = 0.487$，$p < 0.001$）。而且，从表 2-2 可以看出，语音意识的三项任务之间也存在着相关关系。本研究结果与王雪纯的研究结果相悖。此结果的出现也许与研究中使用的实验材料有关。王雪纯为了测试学生的语音意识，在研究中将音位分割、假词拼读作为测试语音意识的任务，而在本研究中，学生的语音意识是通过韵脚比较、音节计数、音位计数和比较任务的测试来完成的。实际上除此以外，测试儿童语音意识的任务还有很多种，学生在不同的任务上的表现可能就有所不同。

（三）语音意识对阅读能力的预测效果

有关语音意识在儿童阅读水平中的预测作用，以往也有研究者进行过研究。如黄和汉利（1994）比较了中国香港和台湾地区、英国的学语音意识能力对于阅读能力的影响。他们在进行回归分析时，发现中国台湾地区的被试语音意识并没有进入回归方程之中，视觉记忆能力却进入预测阅读能力的回归方程中。相反的，英国的被试，其语音意识进入回归方程之中，视觉记忆能力却没有进入回归方程。因此，研究者认为语音意识对于阅读能力的影响在中英文中是有差别的。在中文学习中，语音意识并不影响阅读能力的发展，而在英语学习中，语音意识却是阅读能力发展的影响因素之一。王燕、林崇德和俞国良（2002）对我国普通中学学生在英语学习中的语音能力、句法意识与阅读理解能力的关系进行了考察。结果发现，除了在假词拼读能力上存在缺陷外，英语学习不良儿童在其他语音能力——英语语音意识、听觉语音工作记忆及视觉言语工作记忆上均不存在发展滞后现象；在对儿童的阅读理解能力进行预测时，假词拼读、语音意识、句法意识和听觉工作记忆是较好的预测指标。姜雪凤（2003）在对初二学生英语阅读的影响研究中指出：语音解码能力对阅读理解能力具有较强的预测作用。解码的时间越短，解码错误越少，阅读理解水平越高。

在本研究中，表 2 - 3 表明当变量语音意识进入回归方程时，可以解释阅读理解中的 23.7% 的变量，调整后的解释率为 23.0%，语音意识是较好的预测指标。布莱恩特（1990）等的研究表明儿童语音意识可以解释阅读能力中的 65.0% 的变量，有些情况下甚至可以高达 71.0%。同样，为了了解英语语音意识的预测作用，卡比、帕瑞拉和法伊佛（Kirby、Parrila 和 Pfeiffer，2003）对 161 名 5 岁的学前儿童进行了追踪调查，直到他们上小学五年级。调查结果表明，语音意识和快速命名能很好地预测儿童其后的阅读发展。语音意识研究之所以受到众多研究者的青睐，其中一个重要的原因在于语音意识对儿童早期阅读能力或阅读发展的重要作用。自从 20 世纪 80 年代研究者意识到语音意识和早期阅读之间的关系以来，已有大量的研究证明语音意识对于儿童掌握拼写与阅读，特别是编码和解码的重要性。而过去二三十年来的纵向研究结果似乎都显示，语音意识是后来阅读能力高低的最有力的预测源之一。

五　总结

（一）初二学生在英语语音意识的三项任务上表现出显著的差异，韵脚意识好于音节意识，后者又好于音位意识。具体地说，表 2 - 1 显示了不同英语水平学生英语的语音意识（韵脚、音节和音位）的平均分和标准差。通过方差分析表明，在语音意识的韵脚、音节和音位意识三项任务上，不同英语水平的学生之间存在着显著的组间差异（p < 0.001）。初二

学生的韵脚意识和音节意识的平均分分别为 9.21 和 6.25，而音位意识的平均分是 4.17。初二学生的韵脚意识和音节意识要好于音位意识。

（二）初二学生的英语语音意识与其阅读能力有显著性相关。具体地说，本研究通过学生的韵脚比较、音节计数、音位计数和比较任务来进行语音意识的测试，了解初二学生的英语语音意识和阅读能力之间的关系，其中音节意识与阅读理解相关性最强，其次是音节意识与阅读理解的相关性，韵脚意识与阅读理解的相关性最弱，但也达到了显著水平。结果表明英语语音意识和阅读能力之间存在显著相关（r = 0.445，p < 0.01）。

（三）语音意识是阅读能力较好的预测指标。具体地说，表 2 - 3 表明当变量语音意识进入回归方程时，可以解释阅读理解中的 23.7% 的变量，调整后的解释率为 23.0%，语音意识是较好的预测指标。

通过表 2 - 3 中清楚地反映出语言意识是能较好地预测阅读理解。

第二节　英语语素意识与阅读理解的关系

本章节包括英语语素意识、词汇量和阅读理解的总体水平分析，英语语素意识各要素的水平分析，英语语素意识与阅读理解的关系三部分。

一　英语语素意识、词汇量和阅读理解的总体水平

英语语素意识、词汇量和阅读理解的总体水平的描述性分析如表 2 - 5所示。表 2 - 5清楚地反映了英语阅读理解的平均值为 28.52，标准差为 8.80。词汇量的标准差最大（22.84），由此可以表明被试之间词汇量差距大。语素意识总体平均值为 28.45，标准差为 5.62。

表 2 - 5　　　　　　语素意识、词汇量和阅读理解的描述性分析

变量	人数	平均值	标准差
阅读理解	306	28.52	8.80
词汇量	306	116.38	22.84
语素意识	306	28.45	5.62

二　英语语素意识各要素的水平状况

英语语素意识各要素的水平状况见表 2 - 6 的描述性分析。派生语

素意识与屈折语素意识和复合语素意识相比，其平均值小于总分的一半（平均值9.43 < 1/2 总分 = 20′），派生语素意识的标准差比屈折语素意识和复合语素意识的标准差大得多（3.27 > 1.69 /1.99）。尽管测试题量有差异，但仍然能够说明派生语素意识测试任务完成的情况不如屈折语素意识和复合语素意识。

表2-6　　　　　　　　　语素意识各要素的描述性分析

变量	人数	平均值	标准差
屈折语素意识	306	5.91	1.69
派生语素意识	306	9.43	3.27
复合语素意识	306	13.82	1.99

派生语素意识测试任务完成较差的原因可从两方面来分析。首先对派生语素意识测试题与屈折语素意识测试题和复合语素测试题分别进行对比分析；其次可以从语素意识三种类型的发展模式进行对比分析。

本研究中的派生语素意识测试是基于卡莱尔（2000）在对派生知识的识别和处理的测量时使用的派生和分解任务。屈折语素和派生语素在词缀类型的数量和词缀形式的频率上是有区别（Mahony、Singson & Mann，2000）。本研究采用的屈折语素意识的测试题仅包含了两种类型的屈折语素，然而派生语素意识测试题则有十多种类型。而且派生语素常常涉及语音和正字法方面复杂的改动，而屈折语素的改动较容易些。曾有研究发现需要在语音或者正字法上进行变化时，学生更容易在派生形式上出错误。派生词的结构变化越小，学习者越是容易习得（Carlisle，1988；Leong，1989）。在派生语素意识的测试题中，其中涉及语音和正字法上的变化占1/4多，因此就增强了试题的难度。对于词汇量小的被试来说，识别和处理派生语素就格外困难。

从语素意识的三种类型的发展模式分析，派生语素意识的习得比屈折语素意识和复合语素意识要更迟、更复杂得多。派生涉及更复杂的相关知识、句法知识以及复杂的分布知识（Tyler & Nagy，1989），因此派生语素意识比屈折语素意识要开始得晚，而且要经过一段很长的发展时期（Berninger，2010），在汉语中，组合是词的主要构成方法。研究发现，相对于派生知识而言，中国学生则拥有更多的合成知识（Ku & Anderson，2003）。本研究的被试拥有更多的屈折语素意识和复合语素意识，和派生语素意识测试任务相比，前两种测试任务就完成得较好。

三　语素意识与阅读理解能力的相关分析

相关性分析主要为了解决语素意识与阅读理解之间是否存在相关性，以及作为因变量的阅读理解能力与自变量（词汇量、语素意识、语素意识的三要素）的相关性分析。

（一）英语语素意识、词汇量与阅读理解的相关关系

英语语素意识、词汇量和阅读理解能力的相关关系如表 2 - 7 所示。表 2 - 7 清楚显示出自变量（词汇量和语素意识）与阅读理解显著相关。词汇量与阅读理解相关性最强（ r = 0.660），结果与前人研究相一致。无论英语为母语还是英语为外语的学习者，词汇量和阅读理解有很强的相关性（Kieffer & Lesaux，2012）。相关性分析还显示语素意识与词汇量相关性很显著（ r = 0.475）。语素意识和词汇量间的关系可能是双向的（Kieffer & Lesaux，2012：1172），语素意识可能帮助学生推断出新词的意思，"丰富的词汇知识可能为形态复杂单词提供更多的例子，而词法规则的理解则可以从这些宽泛的例子中演绎出来"。

表 2 - 7　　　　　　　词汇量、语素意识与阅读理解间的相关系数

变量	1	2	3
1 阅读理解	1		
2 词汇量	0.660 **	1	
3 语素意识	0.619 **	0.475 **	1

注：* p < 0.05（双侧检验），** p < 0.01（双侧检验）。

（二）语素意识的各要素与词汇量和阅读理解的相关关系

从表 2 - 7 中可以明显看出，语素意识与阅读理解相关性很强（ r = 0.619），为了更清楚显示出语素意识的哪些要素与阅读理解和词汇量呈显著性相关，进一步的相关分析见表 2 - 8。在语素意识的三种类型中，屈折语素意识与阅读理解的相关性最为显著（ r = 0.614）。派生语素意识与阅读理解的相关性也较为显著（ r = 0.565）。复合语素意识与阅读理解的相关性虽然没有屈折语素意识和派生语素意识显著，但仍然很显著（0.355）。

表 2 - 8　　语素意识的三种类型与阅读理解、词汇量间的相关性系数

变量	阅读理解	词汇量
屈折语素意识	0.614 **	0.485 **
派生语素意识	0.565 **	0.442 **
复合语素意识	0.355 **	0.252 **

注：* p < 0.05（双侧检验），** p < 0.01（双侧检验）。

表 2 - 8 明显说明语素意识的三种类型都与阅读理解有很强的相关性。同时，语素意识的三种类型与词汇量也呈显著性相关。读者的头脑词汇机制是按形态组合起来的，这意味着形态知识可能有助于词汇的存储（Sandra，1994）。因此，拥有丰富的形态知识的读者在习得形态复杂词汇时会做得更好些。形态复杂的词汇在学龄儿童的学习中要占到 60% 以上（Anglin，1993）。语素意识特别是派生语素意识与词汇量的关系于是就建立起来了。本研究结果中的派生语素意识略低于屈折语素意识，这可能是由于测试题做得不好造成的。复合语素意识与词汇量的相关系数最低，这一结果与英语构词法相关。

（三）阅读能力强与弱的读者的语素意识分析

按照阅读成绩的高低，把 306 名被试分成好、中、差三组。本研究只挑出阅读成绩最好和最差的被试。成绩从高到低，依此选出 102 名为好组，再从成绩最低开始挑出 102 名为差组。运用独立样本 t 检验来分析好组和差组被试在词汇量和语素意识上是否存在显著差异。结果如表 2 - 9 所示。表 2 - 9 显示，阅读理解好与差的读者在词汇量和语素意识上都存在显著性差异（p = 0.000，< 0.05）。也就是说阅读理解好的读者，其词汇量和语素意识皆比阅读理解差的高。好与差读者的屈折语素意识和派生语素意识上都存在显著性差异（p = 0.000，< 0.05）。然而，在复合语素意识上不存在显著性差异（p = 0.089 > 0.05）。

表 2 - 9　　不同阅读水平被试词汇量、语素意识及其各要素组间差异性比较

组别		平均值	标准差	t	p
词汇量	好	133.63	24.30	7.260	0.000
	差	97.34	14.45		
语素意识	好	31.12	7.12	5.106	0.000
	差	23.97	1.66		

续表

组别		平均值	标准差	t	p
屈折语素意识	好	6.09	0.98	6.265	0.000
	差	3.97	1.66		
派生语素意识	好	10.79	2.86	5.316	0.000
	差	6.81	3.17		
复合语素意识	好	14.24	0.75	1.752	0.089
	差	13.19	3.33		

　　以往研究发现熟练的读者总是比不熟练的阅读者在语素意识任务上做得更好些（Champion，1997；Fowler & Liberman，1995；Ku & Anderson，2003）。中国学生合成语素任务完成得很出色是由于合成是最基本的汉语构词法。研究发现中国学生在合成语素知识学习上表现得比派生语素意识更成熟。（Ku & Anderson，2003）本研究中的独立样本 T 检验的结果进一步证实了语素意识与阅读理解的相关性。熟练的读者在形态任务上完成得比较好，尤其是在屈折语素和派生语素任务上表现的更好。阅读好与差读者的语素意识的差异充分显示了语素意识在阅读中的重要性。语素意识对阅读理解具体的作用通过进一步的回归分析能更清晰地反映出来。

四　语素意识对阅读理解的预测分析

　　研究发现语素意识与阅读理解存在着显著性相关，语素意识是否对阅读理解起到预测作用，还需进一步作回归性分析。在回归性分析中，阅读理解作为因变量，词汇量和语素意识为自变量，运用多元回归分析在控制其他变量后来分析语素意识是否对阅读理解起到预测作用。在不考虑其他变量的情况下，语素意识对阅读理解的影响如表 2－10 所示。

表 2－10　　　　　　　　语素意识对阅读理解的回归模型

模型	R	R^2	Adjusted R^2	Std. Error of the Estimate	p
1	0.619[a]	0.384	0.378	6.97	0.000

注：a. Predictors：（constant），语素意识。

　　表 2－10 显示的是在排除其他变量下，语素意识作为自变量对阅读理解的影响。调整后的决定系数为 0.378，也就是说阅读理解的变化受语素意识的影响程度为 37.8%。在受词汇量的影响下，语素意识和词汇量共

同对阅读理解的作用见表 2 - 11 进一步的分析。

表 2 - 11　　　　词汇量和语素意识对阅读理解预测的回归系数

模型	R	R^2	Adjusted R^2	Std. Error of the Estimate	p
1	0. 664[a]	0. 441	0. 436	6. 63	0. 000
2	0. 749[b]	0. 561	0. 553	5. 90	0. 000

注：a. Predictors：（Constant），词汇量。

b. Predictors：（Constant），词汇量、语素意识。

从表 2 - 11 可以看出，模型 1 中词汇量的复相关系数为 . 664，与词汇量能解释阅读理解 43.6% 的方差，词汇量和语素意识能联合解释阅读理解 55.3% 的方差。也就是说词汇量和语素意识两个变量估计阅读理解，可以消减 55.3% 的误差，其余 44.7% 的误差是由其他因素造成的。本研究结果发现词汇量对阅读理解的重要影响与以往把英语作为母语或者外语的研究相一致（Nagy，2003；Singson，2000）。语素意识同时也对阅读理解起着重要作用，这一研究结果也与以前词法对阅读理解有显著性预测作用的研究结果相吻合（Carlisle，2000；Singson，2000）。

五　讨论

（一）英语语素意识的三要素的发展顺序

本研究结果如表 2 - 6 显示，中国学生的英语语素意识的三要素中，复合语素意识的成绩最好，其次是派生语素意识，最后是屈折语素意识。这和前人对英语母语儿童的研究结果有差异（Berko，1958；Carlisle，1995）。以前的研究发现，英语儿童的复合语素意识和屈折语素意识是最早发展起来的，而派生语素意识发展最晚。

首先是复合语素意识的发展。在英语的研究中，2 岁半左右的儿童已经开始掌握复合规则，他们能够使用已知语素构造新的复合词，并且到 5 岁左右基本上就发展完全（Clark，Gelman & Lane，1985）。其次是派生语素意识的发展。派生语素意识的发展不如复合语素意识的发展这一结论是与王燕、陈宝国和陈雅丽（2006）的研究相符合的。他们对 2—4 年级汉语儿童的英语派生语素意识和复合语素意识进行了测试，也发现前者的发展不如后者。事实上，在对英语母语儿童的研究中已经发现派生语素意识发展缓慢，派生词缀数量多而且使用频率低，因此必须在掌握一定词汇的基础上才能发展起来。英语儿童是要到小学中年级才能形成比较外显的派生语素意识（Anglin，1993；Carlisle，2000；Tyler & Nagy，1989）。英语派生语素意识比复合语素意识发展慢也可以从汉语的角度上来看。无论是汉语还是英语，复合词的意思都很容易理解，很多还能相互对应（"football"——"足球"），因此容易掌握。而汉语中没有严格意义的派生语素，只有类似派生语素的词缀，如"家"、"化"等。语言特征上的相似性少，所以汉语对英语派生语素的正面影响就少（Schiff & Calif，2007）。最后发展的是屈折语素，和英语的研究正好相反。这可以从语言的类型上加以解释。英语本身就是一种屈折语，存在大量屈折形式。包括表示数、人称、时态、格的"－s"、"－ed"、"－ing"，等等，数量虽然少，但是使用频率极高，因此英语儿童4岁就发展起了有关屈折后缀功能的知识（Berko，1958）。而汉语是一种孤立语，缺乏词形变化，因此虽然有研究认为"着"、"了"、"过"、"们"有着和英语屈折语素类似的功能，但是在实际的学习中，儿童很难将这两组概念对应，与此相应的就是汉语儿童的屈折语素习得差，例如他们常常会忘记名词的复数后要加"－s"，也不一定记得在表示进行时的动词后要加上"－ing"。

　　（二）英语语素意识与词汇的关系

　　语素意识对语言学习很重要。以前有大量研究表明，英语的语素意识与词汇量之间存在显著相关，但是不同语言语素意识与其他语言能力相关的强度是不一样的（Ku & Anderson，2003）。本研究再次肯定了前人的研究结果。从表2－7的相关性分析中，可以看出语素意识与词汇量呈显著性相关。在表2－8的语素意识各要素与词汇量的相关性分析中发现，语素意识的各要素中，屈折语素意识与词汇量的相关性最强。派生语素意识与词汇的相关系数低于屈折语素的原因可能由于测试题造成的。复合语素意识与词汇的相关系数最低，这一结果与英语构词法有关。读者的头脑词汇机制是按形态组合起来的，形态知识可能有助于词汇的存储，于是拥有更多形态知识的读者在习得形态复杂的词汇上可能就做得更好些。曾有研究发现儿童使用语素信息有助于学习新单词（Wysocki & Jenkins，1987）。卡莱尔（2000）研究发现，以英语为母语的三四年级儿童的派生语素意识可以解释词汇知识的很多变量，说明语素意识对词汇知识的发展起到重要作用。

　　语素意识为什么会对词汇有影响呢？对于词汇，前人有大量的研究发现语素意识的重要性（Fowler & Liberman，1995；Mahony、Singson &

Mann，2000；Nagy、Berninger、Abbott、Vaughan & Verneulen，2003）。
从定义上来看，语素是最小的形音结合体，语义上不可分割，而词是由
语素构成的，能够表达一定语义和独立使用的语言单位。因此语素和词
是直接相关。在理解语素意义的基础上，如果儿童再发展起结构意识，
那么他们就知道在面对生词时如何分解组合，猜测词义，以及构造新
词。通过这样的方法，他们认识和掌握的词就越多，也就是说词汇量就
越大。很多研究都发现语素意识能帮助理解词和扩大词汇量（Nagy、
Anderson、Schommer、Scott & Stallman，1989；White、Sowell & Yanagi-
hara，1989）。

已有研究证实基于语素意识的词汇推测能力在二语词汇学习和发展中
起重要作用。词汇推测能力是指，运用常识和语境，结合语言知识，对词
汇进行有效的猜测（Haastrup，1991）。因此，除了语境线索外，语言知
识或者说语素信息在生词猜测中起重要作用。将此学习新词的加工过程称
作"语素问题解决"，即儿童使用语素知识将复杂单词解构成不同语素成
分，在此基础上推测生词的词义。诸多研究发现语素意识是学习者们最常
用的推测生词词义的学习能力之一（Gu & Johnson，1996；Paribakht &
Wesche，1999）。

儿童利用语素意识习得新词语时，首先，将陌生词进行语素分解，分
解为熟悉、有意义的前缀、词根和后缀，其次，通过重新将各部分组合，
派生出陌生单词的意思。例如，前缀"un"是否定或者相反的意思，所
以如果第一次碰到"unhappy"这个词，学生通过语素分析得到与"hap-
py"相反的意思。将陌生词分解为小的单元，然后将单元结合为有意义
的整体的过程，使学生能够达到对陌生词语义进行推测的目的，从而提高
对这些词的记忆力。所以一般认为语素意识对于小学生词汇的增长是一个
重要因素（Nagy & Anderson，1984；Tyler & Nagy，1990；White & Power，
1989）。

弗尔德和巴伦（Freyd and Baron，1982）的一些实证研究已经证实儿
童能够通过语素分析推断单词意思。韦索奇和詹金斯（1987）的研究比
较有代表性。他们检测了四年级、六年级和八年级学生是否能够通过语素
分析得出派生词意义。首先教学生一组单词，两周之后要求他们推测一组
部分存在派生关系、部分不存在派生关系的词的词义。例如，教他们
"doting"、"stipulation"和"repudiate"，然后两周之后测试派生相关词

"dote"、"stipulate" 和 "repudiation" 或者不相关词 "transgress"、"a-bate" 和 "incipient"。结果表明,所有年级学生均在学习与之前内容存在派生关系的词时表现较好。这一结果更加证实,学生能够通过语素分析派生词义。

安格林(Anglin, 1993)、Lewis、Windsor(1996)、卡莱尔(2000)要求学生定义语素复杂词。虽然精确度对于成年人定义标准来说并不是很高,三年级、五年级、四年级分别是 20%、32%、35%。路罗斯和温莎(Lewi & Sandwindsor)的研究表明学生有一些利用单词知识定义新单词的能力。以上研究表明语素意识在儿童新单词的获得和陌生单词语义的推测过程中均占有重要地位。

（三）英语语素意识、词汇量与阅读理解的关系

表 2 - 9 显示了具有不同阅读水平的被试的语素意识的差别,被试阅读能力的好与差决定了被试的语素意识也存在显著性差异,同时语素意识的各要素与阅读能力好与差的对比也很清楚地表明具有不同阅读能力的被试的语素意识的差别很大,尤其屈折语素意识和派生语素意识与阅读理解能力的好与差间的差异性非常显著,充分证明了语素意识与阅读能力间的相关关系。

对英语语素意识与单词、假词阅读关系的研究也取得了大量成就。布里顿(1970)首先检测了语素意识在阅读中的作用。七岁和八岁的儿童参与假词转换任务。在控制能力的前提下,布里顿发现被试在任务中的表现与他们的阅读水平存在显著的相关。

在英语为母语的儿童语素意识研究中,语素意识对阅读理解是否具有显著的预测作用一直是研究者争议的焦点(Carlisle, 1995; Ku, 2003)。本研究中,以学习英语的汉语学生为考察对象,通过回归分析发现,在不受任何自变量的影响下,语素意识对阅读理解影响程度为 37.8%,也就是说语素意识对阅读理解起预测作用。在受词汇量的影响下,语素意识和词汇量共同影响 55.3% 的阅读理解,由此可以表明语素意识和词汇共同对阅读理解起预测作用。

从表 2 - 11 中可以发现,词汇量能解释 43.6% 的方差,而在排除词汇量的影响下,语素意识对阅读理解的影响就变得非常小。也就是说词汇量对阅读理解的作用大于语素意识对阅读理解的作用。有一种观点认为,语素意识对阅读的作用是逐渐变得重要起来的(Carlisle, 2000)。也就是

说，语素意识在阅读初期的作用的确不显著，因为儿童并没有发展起语素意识，他们掌握的是整词。此时，是词对阅读的贡献显著。但是随着年级的上升，儿童的语素意识发展起来了，他们能够从词中分解出语素，再将语素组合成词，于是语素意识对阅读的作用变得越来越重要。这一过程虽然我们无法进行模拟，但是可以通过对比发展较好的母语语素意识的关系图来进行比较。实际上曾有研究（Nagy、Berninger、Abott、Vaughan & Verneulen，2003）就发现了类似的情况，他们发现英语儿童语素意识在篇章阅读上作用显著，进一步的分析发现语素意识可能是通过口语词汇作用于阅读的，而在高年级的儿童语素意识对口语词汇没有贡献，但是开始能够解释阅读的变异。这也就是说，语素意识在不同阶段是通过不同的途径作用于阅读的。

马赫尼（1994）通过 SAT 的测试分数发现语素意识与青少年阅读理解水平之间存在正相关。这一实验通过词缀转换任务进行测试，要求被试从四个假词或单词中选取一个完成句子。上述研究确立了语素意识和阅读成绩之间的普遍联系。也有研究者通过词汇或言语的短时记忆任务进一步对语素意识与真假词阅读的关系作出解释。辛森、马赫尼和曼恩（2000）主持了 98 位 3—6 年级儿童的言语短时记忆实验，控制言语的短时记忆能力之后，语素意识仍可以预测阅读能力的发展状况（Singson，Mahony & Mann，2000）。在涉及语素意识与阅读理解关系的研究中，Carlisle（2000）在针对 8—11 岁儿童的理解任务中探讨了这一问题。任务中包括三个语素意识任务：生成任务、语素问题解决、阅读复杂语素词。三个任务中的表现能够解释阅读词汇量和阅读理解中的 41%—55%（Carlisle，2000），同马赫尼（2000）的研究一样都没有控制年龄和智力因素（Mahony，Singson & Mann，2000）。海伦、迪肯、约翰和卡比（Helene，Deacon，John & Kirby，2004）的一项针对 2—5 年级儿童长达四年的研究中，控制阅读能力、言语及非言语能力，测量了儿童的语音意识和语素意识对于假词阅读、单词阅读以及阅读理解的作用。结果表明，语素意识对假词阅读和阅读理解有显著预测作用。这一结果同语音意识的作用相似，而且这一结果在测量三年以后保持了相似的水平。相比较而言语素意识对单个词的作用反而不显著（Helene、Deacon & Kirby，2004）。这一结果说明语素意识在阅读发展过程中起到了比较广泛的作用，而且其作用范围甚至超过了语音意识的范围。

六 总结

（一）英语语素意识的三要素的发展顺序是复合语素意识的成绩最好，其次是派生语素意识，最后是屈折语素意识。此研究结论与前人的研究稍有不同，以英语为母语的儿童语素意识发展顺序则是复合语素意识和屈折语素意识早于派生语素意识。

（二）英语语素意识与词汇量之间存在显著相关性。这一研究结论与前人研究结果相吻合。其中，语素意识的各要素中，屈折语素意识与词汇量的相关性最强，派生语素意识与词汇量的相关性最弱。

（三）英语语素意识与阅读能力间存在显著相关关系。语素意识的各要素与阅读能力好与差的对比很清楚地表明具有不同阅读能力的被试的语素意识的差别很大，尤其在屈折语素意识和派生语素意识与阅读理解能力的好与差间的差异性非常显著，充分证明了语素意识与阅读能力间的相关关系。

第三节 英语句法意识与阅读理解的关系

英语句法意识与阅读理解的关系研究包括英语句法意识总体水平状况分析，不同学校类别儿童的各项英语语言能力的发展状况比较，不同类别学校学生的句法意识比较，句法意识在阅读理解中的作用。

一 英语句法意识总体水平状况分析

把测量句法意识的任务分成内—内句法意识、外—外句法意识、外—内句法意识和错误句法测量，其描述性分析见表 2 – 12。内—内句法意识发展水平最差，平均数为 0.18，最大值为 2.00；外—内句法意识发展水平最好，平均数为 14.73；外—外句法意识比内—内句法意识发展水平好，但平均数为 4.23，最小值为 0.00，最大值为 12，是外—内句法意识最大值（24.00）的一半。错误句法的平均数为 6.79，最大值为 18.00，超过了外—外句法意识的最大值（12.00）和内—内句法意识的最大值（2.00）。由此表明英语句法意识发展总体水平较高，但句法意识内部差别太大。

表 2 – 12　　　　　　初中二年级学生英语句法意识发展状况

	人数	最小值	最大值	平均数	标准差
内—内句法意识	306	0.00	2.00	0.18	0.49
外—外句法意识	306	0.00	12.00	4.23	2.37
外—内句法意识	306	3.00	24.00	14.73	4.88
错误的句法	306	1.00	18.00	6.79	3.87

二　不同学校类别学生的各项英语语言能力的发展状况比较

（一）不同类别学校学生的英语阅读理解和英语解码能力比较

根据表 2 – 13 中的数据，我们可以看出，重点学校学生的整体阅读水平高于非重点学校的学生，在简单、中等、较难三种阅读难度上，重点学校均高于非重点学校。不同类别学校学生的英语解码水平存在显著的组间差异。虽然重点学校学生的解码时间与非重点学校的学生不存在显著差异，但解码错误显著的少于非重点学校学生。

表 2 – 13　　　不同学校类别学生的英语阅读理解水平和英语解码水平（$\overline{X} \pm S$）

	阅读理解	简单阅读	中等阅读	较难阅读	解码时间	解码错误
重点	3.65 ± 0.61	4.77 ± 0.38	3.44 ± 0.94	2.74 ± 1.06	105.9 ± 38.64	10.10 ± 5.54
非重点	3.17 ± 0.48	4.44 ± 0.57	3.03 ± 0.91	2.03 ± 0.80	99.28 ± 27.06	16.89 ± 6.34
F	16.19***	10.92***	4.36*	12.09***	0.83	29.80***

注：*$p < 0.05$　　**$p < 0.01$　　***$p < 0.001$。

（二）不同类别学校学生的单词量和工作记忆比较

不同类别学校学生的单词量和工作记忆比较如表 2 – 14 所示。根据表 2 – 14 中的数据，我们可以看出，重点和非重点学校学生的单词量并不存在显著性差异，但工作记忆差异显著，重点学校学生优于非重点学校学生。

表 2 – 14　　　不同学校类别学生的单词量和工作记忆水平（$\overline{X} \pm S$）

	单词量	工作记忆
重点	49.33 ± 7.04	3.40 ± 0.75
非重点	49.64 ± 3.92	2.78 ± 0.90
F	0.06	13.02**

（三）不同类别学校学生的英语句法意识比较

不同类别学校学生的英语句法意识发展水平对比分析如表 2 - 15 所示。根据表 2 - 15 中的数据，可以看出，重点学校和非重点学校学生的句法意识和错误句法知识存在组间差异，重点学校学生的句法意识发展好于非重点学校学生，且错误句法少于非重点学校学生。内—内句法知识的组间差异不显著。进一步分析，非重点学校学生的外—外句法知识高于重点学校学生，但外—内句法知识成绩显著低于重点学校学生。

表 2 - 15　　　不同学校类别儿童的句法意识发展水平 $(\overline{X} \pm S)$

	句法意识	外—外句法意识	外—内句法意识	内—内句法意识	错误句法
重点	20. 22 ± 3. 61	3. 71 ± 2. 08	16. 52 ± 4. 43	0. 24 ± 0. 54	5. 52 ± 3. 50
非重点	16. 94 ± 3. 15	5. 08 ± 2. 58	11. 86 ± 4. 12	0. 22 ± 0. 37	8. 83 ± 3. 61
F	20. 13 ***	8. 09 **	25. 63 ***	2. 39	19. 52 ***

注：* p < 0.05　　** p < 0.01　　*** p < 0.001。

三　英语句法意识与阅读理解的相关关系

阅读理解分为简单阅读、中等阅读和较难阅读三种类型，测试任务是由简单到中等再到较难的顺序，每种阅读材料的数量都是一样的，分别都是两个阅读。句法意识测试任务同前面的一样分为四种情况，具体相关分析见表 2 - 16。

表 2 - 16　　　句法意识与阅读理解间的相关系数

	阅读理解	简单阅读	中等阅读	较难阅读
内—内句法意识	- 0. 224 *	- 0. 231 *	- 0. 218 **	- 0. 171
外—外句法意识	- 0. 258 *	- 0. 094	- 0. 161	- 0. 266 **
外—内句法意识	0. 542 ***	0. 353 ***	0. 436 ***	0. 403 ***
句法意识	0. 642 ***	0. 393 ***	0. 459 ***	0. 354 ***

注：* p < 0.05　　** p < 0.01　　*** p < 0.001。

从表 2 - 16 来看，句法意识与阅读理解显著地相关，句法意识的组成成分外—内句法知识与阅读理解成正相关，外—外句法知识和内—内句法知识与阅读理解都成负相关。进一步分析表明，句法意识以及外—内句法知识与所有水平阅读理解的相关均达到了显著水平；外—外句法知识仅与较难阅读相关显著。为了进一步研究句法意识对阅读理解的预测作用，见

表 2 – 17 的多重回归分析。

表 2 – 17 句法意识对阅读理解预测作用的多重回归分析

预测变量	阅读理解		简单阅读		中等阅读		较难阅读	
	R^2变化	累积 R^2	R^2变化	累积 R^2	R^2变化	累积 R^2	R^2变化	累积 R^2
1 单词量	0.182 ***	0.195	0.058 *	0.099	0.127 ***	0.127	0.105 ***	0.116
2 句法意识	0.143 ***	0.344	0.069 **	0.195	0.102 ***	0.242	0.068 **	0.186
3 外—外句法意识	0.024	0.289	0.001	0.033	0.203	0.205	0.045 *	0.199
4 外—内句法意识	0.081 ***	0.370	0.042 *	0.175	0.045 *	0.250	0.079 **	0.233

注： * p < 0.05　　** p < 0.01　　*** p < 0.001。

四　英语句法意识对阅读理解的预测作用

表 2 – 17 采用了固定顺序多重回归分析对各变量进入回归分析的步骤进行了控制。在第一轮进入回归分析的变量是单词量；第二轮中进入回归分析的变量是单词量和句法意识；第三轮中进入回归分析的变量是单词量、句法意识和外—外句法意识；第四轮中进入回归分析的变量是单词量、句法意识、外—外句法意识和外—内句法意识。由结果可知，在排除单词量的影响下，句法意识对阅读理解具有预测作用，无论从简单阅读到中等阅读再到较难阅读，句法意识对其都起预测作用。在排除单词量和句法意识后，外—内句法意识对阅读理解总成绩具有极其显著的预测作用，可以解释 8.1% 的阅读理解变异。进一步分析表明，外—内句法意识对各种难度的阅读理解均具有预测作用，可解释 4.2% 的简单阅读理解变异，4.5% 的中等难度阅读理解变异和 7.9% 的难度阅读理解的变异。

五　讨论

（一）初二学生英语句法意识水平发展较好

自 20 世纪 80 年代中期之后，内隐学习、内隐记忆成了心理学界，尤其是学习和认知心理学领域最热门和最受关注的课题，成了"将对认知心理学的发展产生深远影响"的最重要课题之一（杨治良，1994；刘耀中，1998）。与内隐记忆、内隐学习紧密相连的一个概念是内隐知识，那什么是内隐知识呢？目前学术界并没达成统一的认识。杨治良教授认为"内隐获得的知识不能用语言表达出来"。而刘耀中博士认为"内隐获得的知识并非完全不能被人们意识到，只是难以把它们完全报告出来"，

"内隐知识是可以有意识地利用的"。什么才是内隐知识的本质特征？内隐知识是否等同于通过内隐学习方式获得的知识，是否能被有意识提取呢？"心理表征理论"认为，应将知识在头脑中的表征状态与知识的提取状态区分开来，这种区分对我们澄清认识上的混乱，深入认识内隐知识有重要作用。根据该理论，我们认为知识的表征和知识的提取都各有内隐和外显两种方式，两两组合就会出现四种情况：（1）知识的表征方式是内隐的，提取方式也是内隐的；（2）知识的表征方式是外显的，提取方式也是外显的；（3）知识的表征方式是外显的，但随着熟练程度的提高，这些知识表征可以自动地、内隐地提取；（4）知识的表征方式是内隐的，提取方式是外显的。因此，笔者认为：首先，应根据知识的表征方式，而不是提取方式来区分知识的内隐性和外显性，真正的内隐知识是指以内隐的方式表征的知识。其次，以内隐方式表征的知识是人从始至终无法意识的，是以无意识的方式获得，同时也是无法有意识提取的知识。因此，真正的内隐知识应是第一种情况；第二种和第三种情况中知识都以外显的形式表征，均为外显知识；而在实际的认知过程中第四种情况是不存在的。但两种外显知识的提取方式是不同的，是有层次之分的，所以我们把第二种情况命名为低级外显知识，第三种情况命名为高级外显知识。根据以上分析，本研究又进一步将儿童的句法发展分为三个层次，即内—内句法知识阶段、外—外句法知识阶段和外—内句法知识阶段。第一个层次的句法知识表征方式是内隐的，因此又称内隐句法知识；第二个和第三个层次的句法表征方式是外显的，因此都属于句法意识范畴，但又有层次之分，前者可称为低级句法意识，后者可称为高级句法意识。并以此为理论依据对我国初二学生的英语句法发展状况进行了考察。

　　表2-12的结果表明，初二学生的高级句法意识发展较好，对大部分句法错误能自动迅速地识别。与低级的外显知识相比，高级的外显知识的一个重要特点就是其提取的自动性和无意识性，它在语言学习，尤其是第二语言的学习中有重要作用。语言的产出是语义和句法有机结合，在具体情境中作出反应的过程。句法越熟练，自动化程度越高，对心理能量的依赖越小，可以有效地减轻工作记忆的负担，提高语言产出的速度和准确率，否则就会出现言语障碍。句法是一个规则系统，如果母语的句法根深蒂固地形成后再学习第二语言往往会对第二语言的产出产生干扰，而减少干扰的有效途径就是增强第二语言句法提取的自动化。但值得说明的是，

本研究采用的是迅速判断任务来考察儿童句法意识的发展情况，该任务着重测试的是儿童对英语句法正确与否的识别能力。初二学生的句法产出是否也能达到如此的准确和自动化程度呢？这有待于进一步考察。而且初二学生的错误句的判断水平较低。因此，在英语教学中仍应注重加强语感教学，通过多读、多听、多看，强化低级句法意识向高级句法意识的转化。

（二）句法意识与阅读理解的关系

本研究结果表明，在控制有关变量的影响后，句法意识对英语阅读理解仍有较强的预测作用。这是因为，句法和语义虽属于性质不同的两个概念，但二者处于同一个统一体中，是形式与内容的关系，句法结构对于语义的理解起着重要作用。事实上，已有大量研究证实了句法意识在阅读理解中的重要作用。首先，句法意识有利于单词的识别。一定的句法知识可以帮助儿童将不完整的及字符号信息与句子情境结合起来猜测出不熟悉单词的读音和意义。事实上，儿童在阅读中遇到不熟悉词时，常常通过分析生词在句子中的位置来猜测生词的读音和含义。其次，句法分析是辨别句子结构、理解句子意义的有效手段，而句法分析能力的高低在很大程度上取决于句法意识的发展水平。一定的句法意识发展水平不仅可以使读者句法分析的步骤减少，提高选择正确心理表征的速度，而且可以帮助读者澄清模糊的知识，提高阅读理解能力（Carlisle，1995；Leong，1994）。除此之外，在第二语言阅读中，句法意识的作用尤为突出。因为，由于民族思维方式不同，第二语言与母语的句法结构往往有很大的差异，较高的第二语言句法意识发展水平可以帮助儿童克服思维定式，避免母语句法结构的负迁移影响，顺利地进行语义通达和篇章理解。

高科斯和龚伯特（1999）认为复述、判断、纠错、指定、解释和复制这六项测试任务的外显性是逐步增强的。"他们采用这六项测试任务对内隐的句法知识和外显的句法知识与阅读的关系进行了考察，结果发现，测试任务越具外显性，对阅读的预测作用越大。而本研究中表 2 - 17 的分析结果表明，自动化的高级句法意识对阅读更具有预测作用。从表面看，这两个研究结论是相互矛盾的，但事实上此矛盾可以通过以下的解释来澄清。首先，德蒙特和龚伯特（1996）的研究中选取的被试的平均年龄为12 岁零 3 个月，复述、判断和纠错任务对于他们来说较为简单，得分普遍较高，出现了天花板效应，这在一定程度上影响了这些任务的预测作用。德蒙特和龚伯特（1999）的另一项对平均年龄 6 岁零 6 个月儿童的研究中就发现，判断和纠错比复制任务对阅读更具预测性。"其次，龚伯特（1992）等人的研究是在母语中进行，而我们的研究是在第二语言中进行的，这也许是导致两个研究结论不一致的根本原因。母语的获得，尤其是句法的获得与第二语言有较大的差异。一般来说，儿童的母语句法知识是在日常交往过程中内隐地获得。随着年龄的增长，元认知能力的增强，才获得了对句法知识进行外显地认识和控制能力。在初始阅读中，这种能力越强，儿童越能更好地把握文章的句子结构，理解文章的意义。因此，在母语阅读中，句法知识提取越具外显性对阅读理解的贡献率越高。而第二语言的句法获得，尤其是在我国目前实际的外语教学的条件下，往往是外显地进行，通过不断地练习，其熟练程度和自动化程度才能不断提高，转化为高级的外显句法。高级的句法意识同低级的句法意识相比，自动化程度更高，在阅读过程中，更能降低工作记忆的负担，因此，对阅读的预测作用更大。

　　表2-13的数据表明，不同学校类别的初二学生的英语学习能力有显著的差异。重点学校学生的英语阅读成绩优于非重点学校学生，简单阅读和难度阅读成绩差异达到了极其显著水平。重点学校的学生的英语解码时间与非重点学校学生并不存在显著性差异，但解码错误显著地少于非重点学校学生。从某种意义上可以说，重点学校的学生代表了英语学习优秀者，非重点学校学生代表了英语学习不良者，两类学校之间的组间差异反映了学生英语学习水平的差异。本研究对两类学校初中二年级学生的语音意识和句法意识的发展状况进行对比研究发现，重点学校学生的语音意识、句法意识发展好于非重点学校学生。重点学校学生的音位意识发展显著地优于非重点学校的学生，高级句法意识和综合句法意识的成绩都好于非重点学校学生。这一结论支持英语学习不良儿童语音意识和句法意识缺陷的存在，与许多国外的研究结论具有一致性。但此结论与国内学者王燕、林崇德和俞国良的研究结论差别较大，他们的研究结果表明，不同英语水平儿童英语语音意识和句法意识发展的组间并不存在差异。笔者认为，这可能与学生的年龄、测试任务的难度有关。在王燕、林崇德和俞国良的研究中，所选的被试为初三和高一的学生，他们有较长的英语学习经历，语音知识和句法知识的发展已达到了相对平稳的阶段。本研究中所选取的被试为刚刚升入初二的学生，句法规则的掌握仍是他们学习的重点和难点。被试年龄的差异是导致研究结论不一致的一个重要原因。王燕、林

崇德和俞国良研究中的句法测试是根据中等难度的阅读材料中所涉及的句法知识设计而成，句法知识所包括的范围较小。本研究中的句法测试材料是根据被试已学过的句法知识设计而成，涉及词序、主谓一致、短语搭配、冠词使用、时态错误、谓语动词错误六个方面，具有较好的区分度。

表2-15数据表明，学习不良者的英语阅读水平显著地弱于优秀学习者，尤其在简单阅读和难度阅读中，这种差距表现得尤为突出。王燕（2002）等探查了英语学习不良的汉语中学生的句法意识和英语阅读理解能力间的关系，结果发现，英语学习不良儿童在句法意识成绩显著低于英语学习成绩优秀的学生，而且英语句法意识是预测英语阅读理解能力的较好的预测效标。他们的研究的一个不足是使用完形填空任务测量英语句法意识，被删除的词既有实词，也有虚词，而前者包含语义加工成分。因此，句法意识对阅读理解的预测作用只有少部分的归因于语义加工。表2-17的结果表明，单词量（18.2%）和熟练程度、自动化程度较高的高级句法意识（外—内句法意识8.1%）对阅读理解有较强的预测作用，二者共同可以解释26.3%的阅读理解变异。而表2-15和表2-16的数据显示，不良英语学习者与优秀学习者的差异主要表现在高级句法意识方面，不良英语学习者在高级句法意识的发展上显著地弱于优秀学习者。这说明，熟练、自动化的语言加工能力欠缺是导致英语学习不良儿童英语阅读水平较差的重要原因。巴德利等人在综述有关研究时指出，阅读和谈话中单词的意义（假定是）可以被立即理解，但词序需要保持在记忆中以便进行句法分析，短时记忆中组块的大小随着句子的结构和性质而变化，当句法分析需要的组块大小超出某人的言语工作记忆容量时，理解障碍就产生了。熟练自动的高级句法意识可以增强工作记忆的容量，减少工作记忆的负担。因此，增强句法知识提取的自动化程度是提高不良学习者英语阅读水平的一个重要途径。

六　总结

（一）初二学生的英语句法意识发展水平整体较好。与低级的句法意识相比，高级句法意识发展较好，对大部分句法错误能自动迅速地识别。高级句法意识在语言学习中，尤其是在第二语言的学习中有重要的作用。

（二）英语句法意识与阅读理解间呈显著性相关。无论是内—内句法意识、外—外句法意识还是外—内句法意识，与阅读理解都呈显著性相关，尤其是外—内句法意识也就是高级句法意识与阅读理解相关性最强。

（三）英语句法意识对阅读理解有较强的预测作用。在控制有关变量的影响后，句法意识对英语阅读理解仍有较强的预测作用。高级句法意识对阅读理解的预测作用则更强。

第四节 英语语音意识、语素意识、句法意识与阅读理解的交互关系

本章节包括英语语音意识、语素意识、句法意识与阅读理解的相关关系，英语语音意识和语素意识对阅读理解的预测作用，英语语音意识、句法意识对阅读理解的预测作用，英语语素意识、句法意识对阅读理解的预测作用。

一 英语语音意识、语素意识、句法意识与阅读理解的相关关系

英语语音意识、语素意识、句法意识与阅读理解的相关关系如表2－18所示。从表2－18可以看出，阅读理解与语音意识、语素意识和句法意识都具有显著相关性。其中句法意识与阅读理解的相关性最为显著（r＝0.642），其次是语素意识与阅读理解的相关性也较为显著（r＝0.619），语音意识也与阅读理解很相关（r＝0.445），但相关性没有句法意识和语素意识强。

表2－18 语音意识、语素意识、句法意识与阅读理解间的相关系数

变量	阅读理解	语音意识	语素意识	句法意识
阅读理解	1			
语音意识	0.445 **	1		
语素意识	0.619 **	0.302 **	1	
句法意识	0.642 **	0.415 **	0.656 **	1

注：＊p＜0.05（双侧检验），＊＊p＜0.01（双侧检验）。

以上的语音意识、语素意识、句法意识与阅读理解的相关性分析结果

与前人的研究相一致。曾有研究发现句法意识对阅读技能的重要性（Tunmer et al.，1988）。同时也曾有研究指出语音意识与阅读也有很显著的相关性（Schneider et al.，1997）。

二　英语语音意识和语素意识对阅读理解的预测作用

在对语音意识和语素意识对阅读理解单独起预测作用的一元线性回归分析的基础上，进一步对语音意识与语素意识共同对阅读理解的预测作用进行多元回归分析，如表 2 - 19 所示。

表 2 - 19　　　　　　　语音意识、语素意识对阅读理解的回归模型

模型	R	R^2	Adjusted R^2	Std. Error of the Estimate	p
1	0. 445[a]	0. 205	0. 198	7. 92	0. 000
2	0. 679[b]	0. 461	0. 451	6. 55	0. 000

注：a. Predictors：（Constant）：语音意识。

b. Predictors：（Constant）：语音意识、语素意识。

从表 2 - 19 可以看出，语音意识可以解释阅读理解 19.8% 的方差，语音意识和语素意识共同解释阅读理解 45.1% 的方差，也就是说语素意识可以解释阅读理解的 25.3% 的方差，由此表明，语音意识和语素共同对解释阅读理解起预测作用比较显著。

三　英语语音意识、句法意识对阅读理解的预测作用

英语语音意识、句法意识对阅读理解的预测作用见表 2 - 20。从表 2 - 20 可以看出句法意识对阅读理解能解释 35.9% 的方差，语音意识和句法意识联合起来可以解释阅读理解 41.7% 的方差。也就是说句法意识对阅读理解的预测作用大于语音意识对阅读理解的预测作用。这说明，在第二语言阅读中，语音意识对阅读理解不具有独立预测作用，而句法意识独立对阅读理解产生影响。

表 2 - 20　　　　　　语音意识与句法意识对阅读理解预测的回归模型

模型	R	R^2	Adjusted R^2	Std. Error of the Estimate	p
1	0. 642[a]	0. 359	0. 346	5. 734	0. 000
2	0. 663[b]	0. 439	0. 417	5. 415	0. 000

注：a. Predictors：（Constant）：句法意识。

b. Predictors：（Constant）：句法意识、语音意识。

语音意识和句法意识在阅读理解中的理论地位问题仍是一个争论较大的问题。其中，有代表性的两个观点是以桑克维勒为代表的"语音限制假说"和屯门等人提出的句法意识、语音意识在阅读理解中独立起作用的假设。"语音限制假说"认为语音加工的缺陷会产生"瓶颈"效应，进一步影响句法和其他语言加工过程的顺利进行。而屯门等人认为语音意识和句法意识都是元语言能力的一个方面，它们随着元认知能力的发展而发展，是阅读理解的独立的预测变量。为了验证以上两种观点和深入探讨语音意识和句法意识在第二语言中的理论地位，本研究采用多重回归分析，对相关变量以及语音意识和句法意识进入回归方程的顺序进行了有效控制。从表 2 - 20 可看出，首先进入模型的是句法意识，语音意识对阅读理解预测作用很小，句法意识对阅读理解有较强的预测作用。这说明，在第二语言阅读中，语音意识对阅读理解并不具有明显独立的预测作用，而且语音加工对句法加工的影响不大，句法意识独立地对阅读理解产生影响；句法意识对阅读理解的作用大于语音意识。德蒙特和龚伯特（1996）为了探查语音意识和句法意识与阅读的两个成分之间的关系，对 23 名幼儿园儿童进行了为期四年的纵向研究。对数据进行了固定顺序回归分析和逐步回归分析。结果发现在外部变量的作用被剔除后，儿童的语音意识预期后来的编码能力，而句法意识预期后来的阅读理解。非言语智力和阅读理解间的联系在初读者比较强，但从二年级末消失，此后，只有句法意识对阅读理解有显著的贡献，并且是最强有力的预期变量。这一研究发现语音意识对阅读的贡献反而不如句法意识对阅读的贡献大。因此可以说明此研究结果与德蒙特和龚伯特的研究相吻合，但并没有验证桑克维勒（Shankweiler）为代表的"语音限制假说"，也同屯门（Tunmer）等人的假设不完全一致。

大量研究表明，语音意识是架起口语和书面语的桥梁，语音意识对于拼音文字的阅读是非常重要的。尤其是对深层次正字法表征的英语阅读，一定的语音意识可以帮助儿童在阅读过程中有效地进行语音解码，建立起书面语和口语的对应关系，进而确认不熟悉单词，提高单词识别的速度和自动化，促进阅读理解。但值得注意的是，语音意识对拼音文字阅读的影响主要是在初始阅读阶段，而且这种影响的发生有个重要的前提条件。就是儿童在学习阅读前已经具备了一定的口语能力，大量的口语表征已经形成，而且词汇的语音表征与相应的语义联系已经建立。如果没有大量的口语表征及相应的语义联系作为前提条件，儿童即使能够有效地进行语言解码，也无法确认不熟悉单词的意义，无法对阅读理解产生实质性的作用。就我国目前英语教学的实际情况来看，大多数儿童在学习阅读以前并不具备一定的口语能力。而且，我国中学生在建立英语语音与语义的联系时，常常是以汉语语音为中介。也就是说，在阅读过程中，学生们通常要将英语转换为汉语，以帮助意义的通达。这些原因也许是解释为什么本研究在控制相关变量的影响后，语音意识对阅读理解不具显著影响的重要原因。

在阅读过程中，词语的正字法表征与语音表征的直接匹配有两种机制：一种是词汇机制，它依赖对整个词或语素读音的直接通达自动寻找语音（Baron & Strawson，1976；Patterson，1982）；另一种机制是非词汇机制或称正字法机制（Patterson，1982；Treiman，1986），阅读者应用正字法与语音的联系将书面词语的拼写——转换并合成相应的语音表征，这样得到的语音也称合成语音。对母语的阅读研究发现，在儿童习得阅读技能的早期阶段，一定的语音意识水平可以帮助他们对语音进行分解和合成，运用非词汇机制通达语音表征，因此，语音意识直接影响语音解码技能的获得（Stanovich，Cunningham，& Cramer，1984）。本研究并没发现语音意识对语音解码的预测作用，这可能与我国儿童在英语语音解码过程中主要采用词汇机制，依赖整个词通达语音有关。也就是说，我国初中二年级的学生英语朗读的正确率和朗读时间主要受单词量水平的影响。对于熟悉的单词，他们往往整词识别，并据此通达语音；但如果遇到不熟悉的单词，他们还不能有效地利用形音一致性规则将字母组转化为一定的语音形式。关于句法意识对阅读的两个方面，语音解码和阅读理解的作用一直存在较大的争议。本研究显示，在第二语言阅读中，句法意识只对阅读理解有预测作用，对语音解码不具有预测作用。这可能也与我国儿童缺少一定的英语口语表征有关。在语音解码的过程中，即使儿童可以根据一定的句法规则通达了不熟悉单词的含义，也无法猜出它的正确读音。

四　英语语素意识、句法意识对阅读理解的预测作用

语素意识、句法意识对阅读理解的预测作用如表 2－21 所描述。表 2－21 显示句法意识对阅读理解能解释 41.2% 的方差，句法意识和语素意识共同能解释阅读理解 48.1% 的方差。也就是说当句法意识被控制后，

语素意识能解释6.9%阅读理解的方差。总之，句法意识对阅读理解的预测作用大于语素意识对阅读理解的作用。

表2-21　　　　语素意识、句法意识对阅读理解预测的回归模型

模型	R	R^2	Adjusted R^2	Std. Error of the Estimate	p
1	0.642[a]	0.412	0.407	6.837	0.000
2	0.694[b]	0.481	0.471	6.455	0.000

注：a. Prdictors：（Constant）：句法意识。

b. Prdictors：（Constant）：句法意识、语素意识。

五　英语语音意识、语素意识、词汇量、句法意识对阅读理解的预测作用

英语语音意识、语素意识、词汇量、句法意识对阅读理解的预测作用如表2-22所示。在表2-22中，模型1和模型2是多元回归分析的第一步结果，在三个自变量——词汇量、语音意识和句法意识中，词汇量首先进入模型，它可以解释阅读理解44.2%的方差，接着进入模型的是句法意识，句法意识和词汇量共同对阅读理解能解释59.7%的方差，句法意识和词汇量对阅读理解起预显著的预测作用。语音意识没有进入模型表明语音意识对阅读理解的预测作用不强。在第二步的多元回归分析中，语素意识进入模型3，语素意识与词汇量、句法意识合起来能解释阅读理解这个变量的61.9%的方差。

表2-22　语音意识、语素意识、词汇量、句法意识对阅读理解预测的回归模型

模型	R	R^2	adjusted R^2	Std. Error of the Estimate	p
1	0.665[a]	0.442	0.437	6.65	0.000
2	773[b]	0.597	0.589	5.68	0.000
3	0.787[c]	0.619	0.607	5.55	0.019

注：a. Predictors：（Constant）：词汇量。

b. Predictors：（Constant）：词汇量、句法意识。

c. Predictors：（Constant）：词汇量、句法意识、语素意识。

语素意识包括三个方面——派生语素意识、复合语素意识还是屈折语素意识——哪个要素与句法意识、词汇量合起来对阅读理解起预测作用，需通过进一步的多元回归分析。第一步结果和上表相同，词汇量、语音意

识和句法意识同时进入多元回归分析，在第二步中，语素意识的三要素进入回归模型，表2-23清楚地反映出多元回归模型。表2-23显示出语素意识的三要素中，词汇量和句法意识共同可以解释59.7%的方差，派生语素意识只能够解释2.5%的方差，词汇量和句法意识的预测效果保持不变，三个变量可以共同对阅读理解产生预测作用，能解释62.2%的方差。

表2-23　　　　语音意识、词汇量、句法意识和语素意识的
三要素对阅读理解预测的回归模型

模型	R	R^2	adjusted R^2	Std. Error of the Estimate	p
1	0.665[a]	0.442	0.437	6.65	0.000
2	0.773[b]	0.597	0.589	5.68	0.000
3	0.789[c]	0.622	0.611	5.53	0.011

注：a. Predictors：词汇量。

b. Predictors：词汇量、句法意识。

c. Predictors：词汇量、句法意识、派生语素意识。

郭和安德森（2006）认为派生语素意识是语素意识中最基本的指标。在英语中派生是构词法的首要方法，学校学习中大量的词汇都是派生词（Anglin，1993）。因此，派生语素比屈折语素和复合语素重要。首先，派生语素和屈折语素在词缀的种类上不同，在词缀的形式的频率上也不同。屈折语素的数量相对固定，儿童首先习得的是屈折语素。相反，有许多的派生语素在习得上是很复杂的，它涉及语音和拼写上的变化。其次，在英语中复合词只占很小的比例，因此复合语素意识并不比派生语素意识和屈折语素意识重要。

本研究发现在当其他变量被控制后，派生语素意识对阅读理解的预测作用并不是很强，而且复合语素意识和屈折语素意识对阅读理解的预测作用也没有达到显著水平。当句法意识被控制后，屈折语素意识对阅读理解失去了作用。在没有句法意识的影响下，屈折语素意识对阅读理解的作用大大减弱。在回归分析中复合语素意识的影响不再显著，在英语中这种现象与构词法相关，由于在学校学习期间，大量的词汇都是派生词，而复合词相对来说很少，因此英语当中的复合语素意识就不如屈折语素意识和派生语素意识重要。然而，国内的常云（2010）进行了相同的研究，但结果不同，她发现复合语素意识和派生语素意识在阅读理解中能够解释相当比例的方差，而派生语素意识则对阅读理解的作用比较小，这种差异可能

是因为采用的测试材料的不同和控制的因素不同造成的。在她的研究中，语素意识的三要素测试材料只是检测出了学生的识别能力，而没有对语素的形态进行操作，同时在控制因素上，既没有控制词汇量，也没有控制句法意识，因此，语素意识的三要素对阅读理解的影响作用就比较高。

英语作为母语的语境中，语素意识对阅读理解的作用，尤其是派生语素意识的作用非常强。在卡莱尔（2000）对三年级学生的研究中，派生语素意识可以解释阅读理解 43% 的方差，并且语素意识随着年级的递增作用也愈强，在对五年级的测试中发现派生语素意识对阅读理解的作用达到 53%。在她的研究中同样也没有考虑语音意识和句法意识的作用。其他的研究（Carlisle & Louis-Alexandre，2000）也发现，在排除了智力因素和词汇情况下，语素意识在一年级中对阅读理解并没有显著的作用，但在二年级中能解释阅读理解的 35% 的方差。

语素意识对阅读理解的作用不如句法意识明显，可能有以下原因。首先是控制因素，先前在研究语素意识对阅读理解的作用时，其他的因素被控制，比如词汇量、智力或者是语音意识。曾采用回归分析发现在当语音意识被控制后语素意识对阅读理解的作用大大减弱（Carlisle & Nomanbhoy，1993；Mahony et al.，2000；Singson et al.，2000）。同时，句法意识被大多数研究所忽视，而句法意识与语素意识联系紧密是由于语素的语法属性（Mahony、Singson & Mann，2000）。因而，控制了句法意识对阅读理解的作用后，语素意识作为自变量对阅读理解的作用就变得微弱。其次，语素意识对阅读理解的作用可能被低估的原因是由于在本研究中的语素意识测试中强调了语素的处理能力。卡莱尔（1995：194）首先给语素意识定义为"对词结构形态的有意识的分析能力和对词结构的操纵能力"。语素意识包括对语素的识别和处理能力，而且处理比识别更重要。以前有研究采用"判断任务"（Judgement Task）（Carlisle & Nomanbhoy，1993；Mahony、Singson & Mann，2003）或者是"源于任务"（Come From Task）（Derwing & Baker，1979）来测量被试的语素意识，研究中不要求被试自己想出派生的形式，而是提供了成对的单词，只要求被试判断形态上是否有关系。然而在本研究中，不仅要求学生识别语素类别，而且还要进行处理，这就需要学生付出更多的努力才能产生出一个正确的形式。最后，以前研究的不同发现可能源于被试的不同背景，比如年龄的不同，英语水平的不同等。也有大量研究发现在英语国家的学习者的语素意识对阅读的显著作用（Carlisle & Nomanbhoy，1993；Deacon & Kirby，2004；Kuo & Anderson，2003）。英语作为外语或者二语的语境中的语素意识对阅读理解的预测作用是非常有限的，在 Zhang 和 Koda（2012）的研究中发现在调整控制词汇知识后，语素意识对阅读理解没有明显的直接作用。近来一些研究发现语素意识对阅读理解的间接作用是通过词汇知识为中介（Kieffer & Box，2013；Kieffer & Lesaux，2012；Zhang & Koda，2012）。

第三章

结论与启示

近几十年来，大量研究发现元语言意识在儿童阅读发展中具有重要的作用，大多数研究都是围绕母语的元语言意识对阅读的作用。维果茨基提出，双语能够促进儿童元语言意识的发展，因此本研究以中国学习者二语习得中的英语元语言意识与阅读理解的关系为研究重点，研究结果发现双语学习者的英语元语言意识及各要素与阅读理解有着极其显著的相关性，并且对阅读理解有明显的预测作用。根据研究讨论的结果进行以下总结，同时给予中小学英语教学一些启示。

一　本研究的主要结论

（一）英语元语言意识的不同要素在英语水平不同的学生之间存在显著差异。英语语音意识的三项任务中，韵脚意识好于音节意识，音节意识好于音位意识，英语水平不同的学生在语音意识上存在着显著的差异；英语语素意识三要素的发展顺序是复合语素意识的成绩最好，其次是派生语素意识，最后是屈折语素意识。此研究结论与前人的研究稍有不同，以英语为母语的儿童语素意识发展顺序则是复合语素意识和屈折语素意识早于派生语素意识；英语句法意识发展水平整体较好。与低级句法意识相比，高级句法意识发展较好，对大部分句法错误能自动迅速地识别。高级句法意识在语言学习中，尤其是在第二语言的学习中有重要的作用。

（二）英语语音意识、语素意识、句法意识与阅读理解存在显著相关性。英语语音意识的各任务中，音节意识与阅读理解的相关性最强，音位意识与阅读理解的相关性次之，相对来说韵脚意识与阅读理解的相关性最弱，但相关性也达到了显著水平；语素意识的各要素与阅读能力好与差的对比很清楚地表明阅读能力不同的被试在语素意识上差别也很大，尤其屈折语素意识和派生语素意识与阅读理解能力的好与差间的差异性非常显著，充分证明了语素意识与阅读能力间的相关关系；英语句法意识与阅读理解间呈显著性相关。无论是内—内句法意识、外—外句法意识还是外—内句法意识，与阅读理解都呈显著性相关，尤其是外—内句法意识也就是高级句法意识与阅读理解相关性最强。

（三）在不排除其他因素的干扰下，英语语音意识、语素意识和句法意识均是阅读能力较好的预测指标。但在英语语音意识、语素意识和句法意识共同对阅读理解交互作用的过程中，结果就明显不同，其中句法意识对阅读理解的预测作用最强，而且句法意识单独对阅读理解起预测作用，语素意识则是通过句法意识对阅读理解起作用，在语素意识的各要素中派生语素意识对阅读理解的预测作用最强，复合语素意识对阅读理解的作用最弱。语音意识对阅读理解的预测作用就变得最弱。这一研究结果，与国内以往的研究既有相似性又有不同点。

二 本研究对中小学英语教学的启示

本研究的结果显示中学生的英语元语言意识与英语阅读理解的关系密切相关，而且英语元语言意识的诸要素对阅读理解存在很强的预测作用。通过提高英语元语言意识提高英语阅读水平也是一种有效途径。因此，对中小学的英语教学，尤其是西部偏远地区的中小学英语教学提出以下建议。

（一）从提高英语语音意识来增强英语元语言意识

要注意汉语儿童英语学习进程的特点，并根据不同的年龄段选择不同的语音意识培养方法，同时注意母语的迁移作用，帮助学生克服语音学习中母语的负迁移作用，比如：仔细进行英汉语音对比，分析学生的语音错误和母语对他们的影响，并进行针对性的操练。同时，充分发挥汉语拼音在语音意识培养中的正迁移作用。从表面看，英语和汉语是两种截然不同的语言，英语是拼音文字，汉语是非拼音文字。但在现代的语文教学中，在刚开始学习汉字时，儿童往往借助汉语拼音来学习、掌握汉字的读音。而汉语拼音字母也是拉丁字母，在汉语拼音教学过程中，特别强调对声母、韵母的操作，这无形中训练了儿童的语音操作能力，从而获得了一定语音意识。

（二）从提高英语语素意识来增强英语元语言意识

要加强语素意识的训练，在课堂教学中引入语素，加以学习和练习，例如在英语的学习中对"happily"、"luckily"简单的说明和比较就能让学生明白"－ly"这个派生语素的用法和含义。

结合语言的特点，教师要有意识地进行语言间的对比，促进正迁移，比如汉语的复合词和英语的复合词是类似的（足球——football），学生可以大胆地进行词义的推测。同时老师也应该提醒学生英语有不同于汉语的语素特征，比如屈折语素。

注意全面发展学生的语言能力，语言能力之间是相互影响的。其他能力的发展也会促进语素意识的发展。同时，教师要注意到语素意识的不同方面其重要性是不同的，比如在中学初始阶段，应该重视英语的语素结构意识。

（三）从提高英语句法意识来增强元语言意识

外语学习是一种主动的、有意识的学习过程。尤其在母语已经占据先入为主的地位的前提下，外语教学和学习的元语言因素已经自发地存在。所以，句法意识培养的必要性、重要性和紧迫性决定了在中学英语教学中必须大力地、有意识地、系统地及科学地进行句法意识的培养。对句法意识培养的重要性要有足够的认识，对句法意识培养的规律要有科学的把握，让学生自己构建句法知识系统，而不是老师直接给学生构建，教师可以在宏观上对其进行指导，不要让他们出现构建偏差。构建以句法意识培养为目的、句法知识传授和句法运用为手段的课堂教学，开辟专门的课堂对句法知识进行讲解，进行有意识的句法意识培养，注重英汉对比，加强正迁移，纠正负迁移。比如，英汉语都是 SVO 句法，但汉语的成分排列相对灵活，其中名词性成分往往会话题化而提到句子的开头。如，"大家都不喜欢这个人"会变化为"大家呀，都不喜欢这个人"、"这个人大家都不喜欢"。而同样的英语句子一般只会变成被动句。在中学课堂中，教师应该让学生注意体味英汉句法风格的不同，学生的句法意识培养越成功，在实际语言输出中的负迁移便越少。同时在听、说、读、写等各个环节进行句法意识的渗透，把学生接触到的句子按照学生的接受程度分成等级，然后注重学生最难理解的句子的句法分析，并且给学生留下深刻的印象。这样不仅能够提高中学生英语的句法意识，还能提高他们的汉语句法意识。

参 考 文 献

Adams, M. , *Beginning to read: thinking and learning about print*, Cambridge, MA: MIT Press, 1990.

Anglin, J. M. , *Vocabulary development: A morphological analysis*, *Monographs of the Society for Research in Child Development* (*Serial No.* 238), Chicago, Illinois: The University of Chicago Press, vol. 58, No. 10, 1993, pp. 1 – 165.

Anthony, J. L. , Lonigan, C. J. , "The Nature of Phonological Awareness: Converging Evidence From Four Studies of Preschool and Early Grade School Children", *Journal of Educational Psychology*, 2004, vol. 96, No. 1, pp. 43 – 55.

Arnbak, E. & Elbro, C. , "The effects of morphological awareness training on the reading and spelling skills of young dyslexics", *Scandinavian Journal of Educational Research*, vol. 44, 2000, pp. 229 – 251.

Bachman, L. , *Fundamental Considerations in Language Testing*, Oxford: Oxford University Press, 1990.

Baddeley, A. D. , "Working memory and reading", In P. A. Kolers, M. E. Wrostad & H. Bouma (Eds.), *Processing of visible language*, New York: Plenum Press, Jan. 1979, pp. 335 – 370.

Baddeley, A. D. , "Reading and working memory", *Bulletin of British Psychological Society*, vol. 35, 1982, pp. 414 – 417.

Baker, C. , "Foundations of Binlingual Education and Bilinualism", *Clevedon: Multilingual Matters*, 1993.

Ball, E. , Blachman, B. A. , "Does phoneme awareness training in kindergarten make a difference in early word recognition and spelling?" *Reading*

Research Quarterly, No. 1, 1991.

Baron, J. & Strawson, C., "Use of orthographic and word – specific knowledge in reading words aloud", *Journal of Experimental Psychology: Human Perception and Performance*, vol. 23, 1976, pp. 386 – 393.

Berko, J., "The child's learning of English morphology", *Word*, No. 14, 1958, pp. 150 – 177.

Berninger, V., Nagy, W., Carlisle, J., Thomson, J., Hoffer, D., Abbott, S., et al., "Effective treatment for dyslexics in Grades 4 to 6", In B. Foorman (Ed.), *Preventing and remediating reading difficulties: Bringing science to scale*, Timonium, MD: York Press, 2003, pp. 382 – 417.

Bialystok, E., Ryan, E., "Metacognitive framework for the development of first and second language skills", In D. Forrest – Pressley, G. Mackinnon & T. Waller (Eds.), *Metacognition, Cognition and Human Performance*, New York: Acadmic Press, 1985.

Bialystok, E., "Factors in the growth of linguistic awareness", *Child Development*, vol. 57, 1986, pp. 498 – 510.

Bialystok, E., "Levels of bilingualism and levels of linguistic awareness", *Developmental Psychology*, No. 24, 1988, pp. 560 – 567.

Bialystok, E., "Metalinguistic dimensions of bilingual language proficiency", In E. Bialystok (ed.), *Language Processing in Bilingual Children*, Cambridge: Cambridge University Press, 1991, pp. 113 – 140.

Bialystok, E., "Selective attention in bilingual processing", In R. Harris (ed.), *Cognitive Processing in Bilinguals*, Amsterdam: North Holland, 1992, pp. 501 – 514.

Bialystok, E., "Metalinguistic awareness: The development of children's representation of Language", In C. Prratt & A. Garton (eds.), *Systems of Representation in Children: Developmental and Use*, London: Willey & Sons, 1993, pp. 211 – 233.

Bialystok, E., "Analysis and control in the development of second language proficiency", *Studies in Second Language Acquisition*, No. 16, 1994, pp. 157 – 168.

Bialystok, E., "Metalinguistic aspects of bilingual Processing", *Annual*

Review of Applied Linguistics, vol. 21, 2001a, pp. 169 – 181.

Bialystok, E. , *Bilingualism in Development: Language, Literacy, and Cognition*, New York: Cambridge University Press, 2001b.

Bialystok, E. , Craik, F. , Klein, R. & Viswanathan, M. , " Bilingualism, aging, and cognitive control: evidence from the Simon task", *Psychology and Aging*, No. 2, 2004, pp. 290 – 303.

Blachman, B. A. , Tangel, D. M. , Ball, E. W. , Black, R. , McGraw, C. K. , "Developing phonological awareness and word recognition skills: A two – year intervention with low – income, inner – city children", *Reading and Writing*, Vol. 11, No. 3, 1999, pp. 239 – 273.

Bloomfield, L. , *Language*, New York: Holt, 1933.

Bowey, J. A. , "Syntactic awareness in relation to reading skill and ongoing reading comprehension monitoring", *Journal of Experimental child psychology*, vol. 41, 1986, pp. 282 – 299.

Blachman, B. A. et al. , "Developing phonological awareness and word recognition skills: a two – year intervention with low – income, inner – city children", *Reading and Writing: an Interdisciplinary Journal*, No. 11, 1999, pp. 239 – 273.

Bradley, L. & Bryant, P. E. , "Dificulties in auditory organization as a possible cause of reading backwardness", *Nature*, vol. 271, 1978, pp. 746 – 747.

Bradley, L. & Bryant, P. E. , " Categorizing sounds and learning to read—A causal connection", *Nature*, No. 301, 1983, pp. 419 – 421.

Bradley, L. & Bryant, L. , *Rhyme end reason in trading and spelling.* Ann Arbor, MI: University of Michigen Press, 1985.

Brittain, M. , "Inflectional performance and early reading achievement", *Reading Research Quarterly*, No. 6, 1970, pp. 34 – 48.

Bryant, P. , Bradley, L. , Maclean, M. & Crossland, J. , " Nursery rhymes, phonological skills and reading", *Journal of Child language*, 1989, No. 16, pp. 407 – 428.

Bryant, P. E. , Maclean, M. , Bradley, L. L. & Crossland, J. , " Rhyme and alliteration, phoneme detection, and learning to read ",

Developmental Psychology, vol. 26, No. 3, 1990, pp. 429 – 438.

Bussmann, H. , *Routledge Dictionary of Language and Linguistics*, London & New York: Routledge, 1996.

Canale, M. , Swain, M. , "Theoritical bases of communicative approaches to second language teaching and testing", *Applied Linguistics*, No. 1, 1980, pp. 1 – 47.

Cardoso – Martins, C. , "Sensitivity to rhymes, syllables, and phonemes in literacy acquisition in Portuguese", *Reading Research Quarterly*, vol. 30, No. 4, 1995, pp. 808 – 828.

Carlisle, J. F. & Nomanbhoy, D. M. , "Phonological and morphological awareness in first", *Applied Psycholinguistics*, No. 14, 1993, pp. 177 – 195.

Carlisle, J. F. , "Morphological awareness and early reading achievement", *Morphological aspects of language processing*, L. B. Feldman, Lawrence Erlbaum Associates, 1995, pp. 189 – 209.

Carlisle, J. F. , "Awareness of the structure and meaning of morphologically complex words: Impact on reading", *Reading and Writing: An Interdisciplinary Journal*, No. 12, 2000, pp. 169 – 190.

Carlisle, J. F. , "Morphology matters in learning to read: A commentary", *Reading Psychology*, vol. 24, 2003, pp. 291 – 322.

Carraher, T. N. , "Theoretical and empirical approaches to causality: The case of segmental analysis and literacy", *European Journal of Cognitive Psychology*, No. 7, 1987, pp. 456 – 461.

Casalis, S. & Louis – Alexandre, M. F. , "Morphological analysis, phonological analysis, and learning to read French: A longitudinal study", *Reading and Writing*, No. 3, 2000, pp. 303 – 335.

Cassady, J. C. , Smith, L. L. , Putman, S. M. , "Phonological awareness development as a discrete process: Evidence for an interactive model", *Reading Psychology*, No. 29, 2008, pp. 508 – 533.

Champion, A. , "Knowledge of suffixed words: A comparison of reading disabled and nondisabled readers", *Annals of Dyslexia*, No. 47, 1997, pp. 29 – 55.

Cazden, C. B. , "Play with language and metalinguistic awareness: One dimension of language experience", *Urban Review*, No. 7, 1974, pp. 28 – 39.

Chen, M. J., Lau, L. L., Yung, Y. E., "Development of component skills in reading", *Chinese International Journal of Psychology*, Vol. 28, No. 4, 1993, pp. 481 – 507.

Chen, X., Anderson, R. C., Li, W., "Phonological Awareness of Bilingual and Monolingual Chinese Children", *Journal of Educational Psychology*, vol. 96, No. 1, 2004, pp. 142 – 151.

Cheung, H., "Improving phonological awareness and word reading in a later learnt alphabetic script", *Cognition*, vol. 70, 1999, pp. 1 – 26.

Chiapper, P. & Siegel, L. S., "Phonological Awareness and reading acquisition in English and Punjabi – speaking Canadian children", *Journal of Educational Psychology*, vol. 91, No. 1, 1999, pp. 20 – 28.

Chiappe, P., Siegel, L. S., Wade – Woolley, L., "Linguistic diversity and the development of reading skills: A longitudinal study", *Scientific Studies of Reading*, No. 6, 2002, pp. 369 – 400.

Chiappe, P., Chiappe, D. L. & Gottardo, A., "Vocabulary, context, and speech perception among good and poor readers", *Educational Psychology*, No. 24, 2004, pp. 852 – 843.

Chomsky, N., *Aspects of the Theory of Syntax*, Cambridge MA: MIT Press, 1965.

Chow B. W., Mc Bride – Chang C. & Burgess S., "Phonological processing skills and early reading abilities in Hong Kong Chinese kindergarteners learning to read English as a second language", *Journal of Education Psychology*, vol. 97, 2005, pp. 81 – 87.

Cisero, C. A. & Royer, J. M., "The development and cross – language transfer of phonological awareness", *Contemporary Educational Psychology*, No. 20, 1995, pp. 275 – 303.

Clark, E. V., Gelman, S. A. & Lane, N. M., "Compound nouns and category structure in young children", *Child Development*, vol. 56, 1985, pp. 84 – 94.

Clark, E. V. & Berman, R., "Types of linguistic knowledge: Interpreting and producing compound nouns", *Journal of Child Language*, No. 14,

1987, pp. 547 - 569.

Coltheart, A. C. M. , "Is there a causal link from phonological awareness to success in learning to react?" *Colrrition*, vol. 91, 2004, pp. 77 - 111.

Comeau, L. et al. , "A longitudinal study of phonological processing skills in children learning to read in a second language", *Journal of Educational Psychology*, vol. 91, 1999, pp. 29 - 43.

Cummins, J. , "Bilingualism and the development of metalinguistic awareness", *Journal of Cross Cultural Psychololgy*, 1978, No. 9, pp. 131 - 149.

Cummins, J. , "The cross - lingual dimensions of language proficiency: Implications for bilingual education and optimal age issue", *TESOL Quarterly*, No. 14, 1980, pp. 175 - 187.

Cummins, J. , "Bilingualism and Minority Language Children", *Ontario: Ontarion Institute for Studies in Education*, 1981.

Cummins, J. , "Bilingualism, language proficiency and metalinguistic development", in P. Homel, M. Palij & D. Aaronson (eds.), *Childhood Bilingualism: Aspects of Linguistic, Cognitive and Social Development*, Hillsdale, NJ: Lawrence Erlbaum, 1987, pp. 57 - 75.

Da Fontoura, H. A. & Siegel, L. S. , "Reading, syntactic and working memory skills of bilingual Portuguese - English Canadian children", *Reading and Writing: An Interdisciplinary Journal*, No. 7, 1995, pp. 139 - 153.

Deacon, S. H. & Kirby, J. R. , "Morphological awareness: Just 'more phonological'?", *Applied Psycholinguistics*, No. 25, 2004, pp. 223 - 238.

Deacon, S. H. , X. , Chen, Y. , Luo & G. Ramirez, "Beyond language borders: orthographic processing and word reading in Spanish - English bilinguals", *Journal of Research in Reading*, DOI: 10, 1111, 2011, pp. 1467 - 9817.

Deacon, S. H. , "Sounds, letters and meanings: the independent influences of phonological, morphological and orthographic skills on early word reading accuracy", *Journal of Research in Reading*, DOI: 10. 1111 - j. 2011, pp. 1467 - 9817.

Deacon, S. H. , J. Benere & A. Castles, "Chicken or egg? Untangling the relationship between orthographic processing skill and reading accuracy", *Cognition*, *vol.* 122, 2012, pp. 110 – 117.

Demont, E., Gombert, J. E., "Phonological awareness as a predictor of recoding skills and syntactic awareness as a predictor of comprehension skills", *British Journal of Educational Psychology*, No. 66, 1996, pp. 315 – 332.

Derwing, B. & Baker, W., "Recent research on the acquisition of English morphology", In P. Fletcher & M. Garman (Eds.), *Language Acquisition*, 1979, pp. 209 – 223.

Diaz, B., C. Baus, C. Escera, A. Costa & N. S. Galles, "Brain potentials to native phoneme discrimination reveal the origin of individual differences in learning the sounds of a second language", *Proceedings of the National Academy of Sciences*, vol. 105, No. 42, 2008, pp. 16083 – 16088.

Durgunoglu, A. Y., Nagy, W. E. & Hancin – Bhatt, B. J., "Cross – language transfer of phonological awareness", *Journal of Educational Psychology*, vol. 85, No. 3, 1993, pp. 433 – 465.

Ehri, L., "Linguistic insight: Threshold of reading acquisition", In T. Waller & G. Mackinnon (Eds.), *Reading research: Advances in theory and practice*, New York: Academic Press, Vol. 1, 1979, pp. 63 – 113.

Ehri, L. C., "Phases of development in learning to read words by sight", *Journal of Research in Reading*, vol. 18, 1995, pp. 116 – 125.

Elbro, C. & Arnbak, E., "The role of morpheme recognition and morphological awareness in dyslexia", *Annuals of Dyslexia*, vol. 46, 1996, pp. 209 – 240.

Ellis, R., *The Study of second Language Acquisition*, Oxford: Oxford University Press, 1994.

Eskey, D. E. & Grabe, W., "Interactive models for second language reading", In P. Carrell, J. Devine & D. Eskey (eds.), *Interactive Approaches to Second Language Reading*, Cambridge: Cambridge University Press, 1988, pp. 221 – 238.

Field, H., "Mental representation", *Erkenntnis*, No. 13, 1978, pp. 9 – 61.

Firth, J. R., *Papers in Linguistics*, London: Oxford University Press,

1957, pp. 1934 – 1951.

Flavell, J. H. , *Cognitive Development*, Prentice Hall, Inc. , Englewood Cliffs, N. J. , 1985, pp. 230 – 235.

Fodor, J. A. , "Propositional attitudes", *The Monist*, 1978, No. 61, pp. 501 – 523.

Fowler, A. , *How early phonological development might set the stage for phonemic awareness*, Hillsdale, NJ: Erlbaum, 1991.

Fowler, A. E. & Liberman, L. Y. , "The role of phonology and orthography in morphological awareness", In L. Feldman (Ed.), *Morphological aspects of language processing*, Lawrence Erlbaum Associates, 1995, pp. 157 – 188.

Foy, J. G. , Mann, V. , "Changes in letter sound knowledge are associated with development of phonological awareness in pre – school children", *Journal of Research in Reading*, vol. 29, No. 2, 2006, pp. 143 – 161.

Foy, V. A. M. J. G. , "Speech development patterns and phonological awareness in preschool children", *Annals of Dyslexia*, 2007, pp. 51 – 74.

Fox, D. J. S. B. J. (Ed.), *Phonological Awareness in Reading – The Evolution of Current Perspectives*, Springer – Vela: New York, Inc. , 1990.

Freyd, P. & Baron, J. , "Individual differences in acquisition of derivational morphology", *Journal of Verbal Learning and Verbal Behavior*, No. 21, 1982, pp. 282 – 295.

Frith, U. , "Beneath the surface of developmental dyslexia", *Surface dyslexia*, vol. 32, 1985, pp. 301 – 330.

Fu, C. L. & Huang, H. S. , "The effects of metalinguistic awareness training of the low achievers at elementary schools", *Chinese Journal of Psychology*, vol. 42, 2000, pp. 87 – 100.

Furnes, B. , Samuelsson, S. , "Phonological awareness and rapid automatized naming predicting early development in reading and spelling: Results from a cross – linguistic longitudinal study", *Learning and Individual Diffrences*, No. 21, 2011, pp. 85 – 95.

Galamhos, S. J. , Gold in – Meadow, S. , "The effects of learning two languages on levels of metalinguistic awareness", *Cognition*, No. 34, 1990, pp. 1 – 56.

Gaux, C. & Gombert, J. E. , "Implicit and explicit syntactic knowledge and reading in pre – adolescents", *British Journal of Developmental Psychology*, No. 17, 1999, pp. 169 – 188.

Geva, E. & Wade – Woolley, L. , "Component processes in becoming English – Hebrew biliterate", In A. Y. Durgunoglu & L. Verhoeven (Eds.), *Literacy development in a multilingual context: Cross – cultural perspectives*, Mahwah, NJ: Lawrence Erlbaum Associates, 1998, pp. 85 – 110.

Geva, E. , "Issues in the assessment of reading disabilities in L2 Children: Beliefs and research evidence", *Dyslexia*, 2000, No. 6, pp. 13 – 28.

Gillon, G. T. , *Phonological awareness from research to practice*, Guilford Publications, 2004.

Goodman, K. S. , *Reading: a psycholingistic guessing game, theoretical models and processes of reading*, Newark, DE: International Reading Association, 1967.

Goodman, K. S. , "The psycholinguistic nature of the reading process", In K. S Goodman (Ed.), *The Psycholinguistic Nature of the Reading Process*, Detroit: Wayne State University Press, 1968, pp. 15 – 26.

Goodman, K. S. , "Reading: A psycholinguistic guessing game", In H. Singer & R. B. Rudell (eds.), *Theoretical Models and Processes of Reading*, Newark, DE: International Reading Association, 1976, pp. 429 – 508.

Goodwin, A. P, A. C. , Huggins, M. S. , Carlo, D. August & M. Calderon, "Minding morphology: how morphological awareness relates to reading for English language Reading for English language learners", *Reading and Writing*, 2012, DOI: 10. 1007/ s 11145 – 012 – 9412 – 5.

Gombert, J. E. , *Metalinguistic development*, Chicago: University of Chicago Press, 1992.

Goswami, U. & Bryant, P. , *Phonological skills and learning to read*, Hove, UK: Etlbaum, 1990.

Goswami, U. , "Causal connections in beginning reading: The importance of rhyme", *Journal of Research in Reading*, Vol. 22, No. 3, 1999, pp. 217 – 240.

Gottardo, A. , Stanovich, K. E. , Siegel, L. S. , "The relationship between phonological sensitivity, syntactic procession, and verbal working memory in the reading performance of third – grade children", *Journal of Experimental child psychology*, vol. 63, 1996, pp. 563 – 582.

Gough, P. B. , "Owe second of reading". In H. Singer, & R. B. Ruddell (Eds.), *Theoretical Models and Process of Reading (Third Edition)*, Newark, Delaware: International Reading Association, 1972.

Gough, P. B. & Samuels, T. D. , "Owe second of reading", In Kavanagh, J. F. & Mattingly, I. G. (Eds.), *Language by eye and ear*. Cambridge, MA: MIT press, 1972.

Gough, P. B, & Tunmer, W. , "Decoding, Reading and Reading Disability", *Remedial and Special Education*, No. 7, 1986, pp. 6 – 10.

Green, L. , Mc Cutchen, D. , Schwiebert, C. , Quinlan, T. , Eva – Wood, A. & Juelis, J. "Morphological development in children's writing", *Journal of Educational Psychology*, No. 95, 2003, pp. 752 – 761.

Gu, Y. , Johnson, R. K. , "Vocabulary learning strategies and language learning outcomes", *Language learning*, vol. 46, 1996, pp. 643 – 679.

Haastrup, K. , *Lexical inferencing procedures or talking about words: Receptive procedures in foreign language learning with special reference to English*, Tubingen: Gunter Narr Vela, 1991.

Hamilton, E. E. , *The importance of phonological processing in English – and – Mandarin – speaking emergent and fluent readers*, Ph. D, the University of Michigan, 2007.

Hartmann, R. R. K. & G. James, *Dictionary of Lexicography*, London & New York: Routledge, 1998.

Helene, S. Deacon, John, R. & Kirby, "Morphological awareness: Just more phonological? The roles of morphonological and phonological awareness in reading development", *Applied Psycholinguistics*, vol. 25, 2004, pp. 223 – 238.

Hilte, M. & P. Reitsma, "Activating the meaning of a word facilitates the integration of orthography: evidence from spelling exercises in beginning spellers", *Journal of Research in Reading*, 2011, 34 /3, pp. 333 – 345.

Hjelmslev, L. , *Prolegomena to a Theory of Language* (trans. Francis J. Whitfield), Madison: University of Wiscons in Press, 1961.

Hogan, T. P. , Bowles, R. P. , Catts, H. W. & Storkel, H. L. , "The influence of neighborhood density and word frequency on phoneme awareness in 2nd and 4th grades", *Journal of Communication Disorders*, Vol. 44, 2011, pp. 49 - 58.

Hoien, T. , Lundberg, L. , Stanovich, K. E. & Bjaalid, L. K. , "Components of phonological awareness", *Reading and Writing: An Interdisciplinary Journal*, vol. 7, No. 2, 1995, pp. 171 - 188.

Holliman, A. J. , Wood, C. , Sheehy, K. , "Does speech rhythm sensitivity predict children's reading ability 1 year Later?" *Journal of Educational Psychology*, vol. 102, No. 2, 2010, pp. 356 - 366.

Hu, C. F. & Catts, H. W. , "The role of phonological processing in early reading ability: What we can learn from Chinese", *Scientific Studies of Reading*, vol. 2, 1998, pp. 55 - 79.

Hulme, M. S. C. , "The Development of Phonological Skills", *The Acguisition and Dissolution of Language*, vol. 346, 1994, pp. 21 - 27.

Huang, H. S. , Hanley, J. R. , "Phonological Awareness and Visual Skills in Learning to Read Chinese and English", *Cognition*, vol. 54, 1994, pp. 73 - 98.

Hymes, D. , "On communicative competence", In J. B. Pride & J. Holmes (Eds.), *Socio - linguistics: Selected Readings*, Harmondsworth: Penguin Books, 1972, pp. 269 - 293.

Jakobson, R. , "Linguistics and poetics", In T. Sebeok (ed.), *Style in Language*, Cambridge: MIT Press, 1960.

Jessner, U. , "Metalinguistic Awareness in multilingual: Cognitive aspects of third language learning", *Language Awareness*, No. 8, 1999, pp. 201 - 209.

Jessner, U. , *Linguistic Awareness in Multilinguals: English as a Third Language*, Edinburgh: Edinburgh University Press, 2006.

Karlsson, F. & Finnish, *An essential grammar*, London: Routledge, 1999.

Kieffer, M. J. & Box, C. D. , "Derivational morphological awareness, academic vocabulary, and reading comprehension in linguistically diverse sixth graders", *Learning and Individual Differences*, vol. 24, 2013, pp. 168 - 175.

Kieffer, M. J. & Lesaux, N. K. , "The role of derivational morphological awareness in the reading comprehension of Spanish - speaking English language learners", *Reading and Writing: An Interdisciplinary Journal*, vol. 21, 2008, pp. 783 - 804.

Kieffer, M. J. & Lesaux, N. K. , "Direct and indirect roles of morphological awareness in the English reading comprehension of native English, Spanish, Filipino, and Vietnamese speakers", *Language Learning*, 2012, vol. 62, No. 4, pp. 1170 - 1204.

Kirby, J. R. , Parrila R. K, Pfeiffer S. L. , "Naming Speed and Phonological Awareness as Predictors of Reading Development", *Journal of Educational Psychology*, vol. 95, No. 2003, 3, pp. 453 - 464.

Koda, K. , "Cross - linguistic variations in L2 morphological awareness", *Applied Psycholinguistics*, vol. 21, 2000, pp. 297 - 320.

Ku, Y. & Anderson, R. C. , "Development of morphological awareness in Chinese and English", *Reading and Writing: An Interdisciplinary Journal*, vol. 16, 2003, pp. 399 - 422.

Kuo, L. & Anderson, R. C. , "Morphological awareness and learning to read: A cross - language perspective", *Educational Psychologist*, vol. 41, No. 3, 2006, pp. 161 - 180.

Lane, H. L. , Pullen, P. C. , Elsele, M. R. & Jordan, L. , "Preventing Reading Failure: Phonological Awareness Assessment and Instruction", *Preventing School Failure*, vol. 46, 2002, pp. 101 - 110.

Layton, A. , Robinson J. , Lawson, M. , "The relationship between syntactic awareness and reading performance", *Journal of Research in Reading*, vol. 21, No. 1, 1998, pp. 5 - 23.

Leech, G. , *Semantics*, Harmondsworth: Penguin Books, 1974.

Leong, C. K. , "Productive knowledge of derivational rules in poor readers", *Annals of Dyslexia*, vol. 39, 1989, pp. 94 - 115.

Leong, C. K. , "Metalinguistic awareness and reading acquisition: some issues", In K. P. van den Bos, L. S. Siegel, D. J. & D. L. S. Bakker (Eds), *Metalinguistic awareness and reading acquisition some issues: Current Directions in Dyslexia Research*, Lisse: Swets & Zeitlinger, 1994, pp. 183 – 199.

Lewis, D. J. & Windsor, J., "Children's analysis of derivational suffix meanings", *Journal of Speech and Hearing Research*, vol. 39, 1996, pp. 209 – 216.

Li, W. L., Anderson, R. C., Nagy, W. E. & Zhang, H., "Facets of metalinguistics that contribute to Chinese literacy", In W. Li, J. S. Gafney, M. A., Kluwer & J. L. Packard (Eds.), *Chinese children's reading acquisition: Theoretical and pedagogical issues*, Netherlands Norwell, 2001, pp. 87 – 106.

Lipka, O. & L. S. Siegel, "The development of reading comprehension skills in children learning English as a second language", *Reading and Writing*, vol. 25, 2012, pp. 1873 – 1898.

Lundberg, L, Olofsson, A. & Wall, S., "Reading and spelling skills in the first years predicted from phonemic awareness skills in kindergarten", *Scandanavian Journal of Psychology*, vol. 21, 1980, pp. 159 – 173.

Lonigan, S. R. B. A. C. J., "Bidirectional Relations of Phonological Sensitivity and Prereading Abilities Evidence from a Preschool Sample", *Journal of Experimental Child Psychology*, vol. 70, 1998, pp. 117 – 141.

Lyon, A., "Toward a definition of dyslexia", *Dyslexia*, vol. 45, 1995, pp. 3 – 27.

Lyytinen, P., "Cognitive skills and Finnish language inflection", *Scandinavian Journal of Psychology*, vol. 28, 1987, pp. 304 – 312.

Mahony, D., "Using sensitivity to word structure to explain variance in high school and college level reading ability", *Reading and Writing*, No. 6, 1994, pp. 19 – 44.

Mahony, D., Singson, M. & Mann, V. "Reading ability and sensitivity to morphological relations", *Reading and Writing*, vol. 12, 2000, pp. 191 – 218.

Mann, V. A., "Phonological awareness: The role of reading experience", *Cognition*, vol. 24, 1986, pp. 65 – 92.

McBride – Chang, C. , "What is phonological awareness?" *Journal of Education Psychology*, vol. 87, No. 2, 1995, pp. 179 – 192.

McBride – Chang, C. et al. , "Growth Modeling of Phonological Awareness", *Journal of Educational Psychology*, Vol. 89, No. 4, 1997, pp. 621 – 630.

Mc Dough, R. , "Reflections on reflexivity", *Language Sciences*, 2000, vol. 22, No. 2, pp. 203 – 222.

McBride – Chang, C. , *Children's Literacy Development*, London: Edward Arnold Oxford Press, 2004.

McBride – Chang, C. , Cho, J. – R. , Liu, H. Y. , Richard, K. , Wagner, R. K. , Shu, H. , Zhou, A. B. , Cheuk, C. S – M. & Muse, A. , "Associations of phonological Changing models across cultures: awareness and morphological structure awareness with vocabulary and word recognition in second graders from Beijing, Hong Kong, Korea, and the United States", *Experimental Child Psychology*, vol. 92, 2005, pp. 140 – 160.

Metsala, J. L. , Walley, A. C. , *Spoken vocabulary growth and the segmental restructuring of lexical representation: Precursors to phonemic awareness and early reading ability*, Mahwah, NJ: Lrlbaum, 1997.

Morais, J. , "Phonological awareness: a bridge between language and literacy", In D. Sawyer & B. Fox (Eds.), *Phonological awareness in reading: the evolution of current perspectives*, New York: Springer – Vela, 1991, pp. 31 – 71.

Muse, A. E. ; *The nature of morphological knowledge*, The Florida state university, doctor's degree dissertation, 2005.

Muter, V. , Hulme, C. , Snowling, M. & Taylor, S. "Segmentation, not rhyming, predicts early progress in learning to read", *Journal of Experimental Child Psychology*, vol. 65, 1997, pp. 370 – 396.

Muter, V. , Snowing, M. , "Concurrent and Longitudinal Predictors of Reading: The Role of Metalinguistic and Short – Term Memory Skills", *Reading Research Quarterly*, vol. 33, No. 3, 1998, pp. 320 – 337.

Muter, V. , Hulme, C. , Snowling, M. J. et al. , "Phonemes, rimes, vocabulary, and grammatical skills as foundations of early reading development:

evidence from a longitudinal study, *Developmental Psychology*, vol. 40, No. 5, 2004, pp. 665 – 681.

Nagy, W. E. & Anderson, R. C., "How many words in printed school English?" *Reading research*, vol. 19, 1984, pp. 304 – 330.

Nagy, W. E., Osborn, J., Winsor, P. & O. Flahavan, J., "Structural analysis: Some guidelines for instruction", In F. Lehr and J. Osborn (Eds.), *Reading, language, and literacy: Instruction for the twenty – first century*. Hillsdale, New Jersey: Erlbaum, 1994, pp. 45 – 58.

Nagy, W. E. & R. C. Anderson, "Metalinguistic awareness and literacy acquisition in different languages", *llinois Technical Reports*, vol. 618, 1995, pp. 1 – 7.

Nagy, W. E., Berninger, V., Abbott, R., Vaughan, K. & Vermeulen, K., "Relationship of Morphology and Other Language Skills to Literacy Skill in At – Risk Second – Grade Readers and At Risk – Forth – Grade Writers", *Journal of Educational Psychology*, No. 4, 2003, pp. 730 – 742.

Nagy, W. E., Berninger, V. & Abbott, R. D., "Contribution of morphology beyond phonology to literacy outcomes of upper elementary and middle – School students", *Journal of Educational Psychology*, No. 1, 2006, pp. 134 – 147.

Nation, K., Hulme, C., "Phonemic segmentation, not oneset – rime segmentation, predicts early reading and spelling skills", *Reading Research Quarterly*, vol. 32, 1997, pp. 154 – 167.

Nunes, T., "Developing children's minds through literacy and numeracy", *An inaugural lecture*, London: Institute of Education, 1998.

Nunes, T., Bryant, P. & Olsson, J., "Learning Morphological and Phonological Spelling Rules: An Intervention Study", *Scientific studies of reading*, No. 3, 2003, pp. 289 – 307.

Nunes, T., Bryant, P. & Bindman, M., "The effects of learning to spell on children's awareness of morphology", *Reading and Writing*, vol. 19, 2006, pp. 767 – 787.

Olofsson, A. & Niedersee, J., "Early language development and kindergarten phonological awareness as predictors of reading problems: From 3 to 11 years of age", *Journal of Learning Disabilities*, vol. 32, No. 5, 1999, pp. 464 – 472.

Olson, D., "Towards a psychology of literacy: On the relations between speech and writing", *Cognition*, vol. 60, 1996, pp. 83 – 104.

Owens, R. E., Jr., *Language development: An introduction* (6th *Ed.*), Boston, MA: Pearson, 2005.

Payne, T. E., *Describing morpho – syntax: A guide for field linguists*, Cambridge: Cambridge University Press, 1997.

Perfetti, C. A., *Reading Ability*, New York: Oxford University Press, 1985.

Perfetti, C. A., "Phonemic Knowledge and Learning to Read Are Reciprocal: a Longitudinal Study of First – grade Children", *Merrill – Palmer Quarterly*, vol. 33, 1987, pp. 283 – 319.

Perfetti, C. A. & Zhang, S., "Phonemic processing in reading Chinese words", *Journal of Experimental Psychology: Learning, Memory & Cognition*, 1991, 17, pp. 633 – 643.

Perfetti, C. A. & Zhang, S., "Very early phonological activation in Chinese reading", *Journal of Experimental Psychology: Learning, Memory & Cognition*, vol. 21, 1995, pp. 24 – 33.

Perfetti, C. A. & Tan, L. H., "The time course of graphic, phonological and semantic activation in visual Chinese character identification", *Journal of Experimental Psychology: Learning, Memory & Cognition*, vol. 24, 1998, pp. 101 – 118.

Plaza, M., Cohen, H., "The interaction between phonological processing, syntactic awareness, and naming speed in the reading and spelling performance of first grade children", *Brain and Cognition*, vol. 53, 2003, pp. 287 – 292.

Polanyi, M., *Personal Knowledge: Towards a Post – critical Philosophy*, London: Routledge, 1958.

Pratt, C., Tunmer, W. E. & Bowey, J. A., "Children's Capacity to Correct Grammatical Violations in Sentences", *Journal of Child Language*, 1984, No. 2, pp. 129 – 141.

Read C. , Zhang, Y. , Nie, H. & Ding, B. , "The ability to manipulate speech sounds depends on knowing alphabetic spelling", *Cognition*, vol. 24, 1986, pp. 31 – 44.

Rego, L. L. B. , "The connection between syntactic awareness and reading: Evidence from Portuguese – speaking children taught by a phonic method", *International Journal of Behavioral Development*, vol. 20, No. 2, 1997, pp. 349 – 365.

Robins, H. H. , *A Short History of Linguistics* (4th *edition*), London: Longman, 1997.

Sandra, D. , "The morphology of the mental lexicon: word structure viewed from a psycholinguistic perspective", *Language and Cognitive Processes*, No. 9, 1994, pp. 227 – 269.

Saussure, de F. , *Course in general Linguistics* (edited by C. Bally & A. Sechehaye, translated by W. Baskin), New York: McGraw – Hill, 1959.

Seidenberg, M. & McCleeland, J. , "A distributed, developmental model of word recognition and naming", *Psychological Review*, vol. 96, 1989, pp. 523 – 568.

Schatschneider, C. , Francis, D. J. , Foorman, B. R. , Fletcher, J. M. , Mehta, P. , "The Dimensionality of Phonological Awareness: An Application of Item Response Theory", *Journal of Educational Psychology*, vol. 91, 1999, pp. 439 – 449.

Schachter, J. , "Communicative competence revisited", In B. Harley et al. (Eds.), *The Development of Second Language Proficiency*, Cambridge: Cambridge University Press, 1990.

Shankweiler, D. , Crain, S, Brady, S. et al. , "Identifying the causes of reading disability", In Gough, P. B. , Ehria, L. C. , Treiman, R. Eds. , *Reading Acquisition Hillsdale*, NJ: Erlbaum, 1992, pp. 275 – 305.

Shankweiler, D. , Crain, S. , Katz, L. , Fowler, A. E. , Liberman, A. M. , Brady, S. A. , Thornton, R. , Lundquist, E. , Dreyer, L. , Fletcher, J. M. , Stuebing, K. K. , Shaywitz, S. E. & Shaywitz, B. A. , "Cognitive profiles of reading disabled children: Comparisons of language skills in phonology, morphology and syntax", *Psychological Science*, No. 6, 1995, pp. 149 – 156.

Siegel, L. S., Ryall, E. B., "Development of grammatical sensitivity, phonological, and short – term memory skills in normally achieving and learning disabled children", *Developmental Psychology*, vol. 24, No. 1, 1988, pp. 28 – 37.

Singson, M., Mahony, D. & Mann, V., "The relation between reading ability and morphological skills: Evidence from derivational suffixes", *Reading and Writing: An Interdisciplinary Journal*, vol. 12, 2000, pp. 219 – 252.

Siok, W. T. & Fletcher, P., "The role of phonological awareness and visual – orthographic skills in Chinese reading acquisition", *Dev Psychol*, vol. 37, 2001, pp. 886 – 899.

Smith, F., *Comprehension and Learning: A conceptual Framework for Teachers*, New York: Holt, Rinehart Winston, 1975.

Snow, C. E., Tabors, P., Nicholson, P. et al., "Oral language and early literacy skills in kindergarten and first – grade children", *Journal of Research in Childhood Education*, vol. 10, No. 1, 1995, pp. 37 – 48.

So, D. & Siegel, L. S., "Learning to read Chinese: semantic, syntactic, phonological and working memory skills in normally achieving and poor Chinese readers Reading and Writing", *An Interdisciplinary Journal*, No. 9, 1997, pp. 1 – 21.

Spencer, A., *Morphological Theory*, Oxford: Blackwell, 1991.

Stahl, S. A. & Murray, B. A., "Defining phonological awareness and its relationship to early reading", *Journal of Educational Psychology*, vol. 86, No. 2, 1994, pp. 221 – 234.

Stanovich, K., Cunningham, A. E. & Cramer, B. B., "Assessing phonological awareness in kindergarten children: Issues of task comparability", *Journal of Experimental Child Psychology*, vol. 38, 1984, pp. 175 – 190.

Sternberg, R. J., "Most vocabulary is learned from context", In M. G. Mc Keown & M. E. Curbs (Eds.), *The nature of vocabulary acquisition*, Hillsdale, New Jersey: Erlbaum, 1987, pp. 89 – 105.

Stuart, M., "Prediction and qualitative assessment of five – and – six – year – old children's reading: a longitudinal study", *The British Journal of*

Educational Psychology, vol. 65, 1995, pp. 287 – 296.

Taft, M. & Zhu, X., "The representation of bound morphemes in the lexicon: a Chinese study", In I. B. Feldman (Ed.), *Morphological aspects of language processing Hillsdale*, N. J.: Lawrence Erlbaum Associates, 1995, pp. 293 – 344.

Torgesen, J. K., Morgan, S. T. & Davis, C., "Effect of two types of phonological awareness training on word learning in kindergarten children", *Journal of Educational Psychology*, vol. 84, 1992, pp. 364 – 370.

Treiman, R. & Zukowski, A., "Levels of phonological awareness", In S. Brady & D. Shankweiler (Eds.), *Phonological processes in literacy*, Hillsdale, NJ: Erlbaum, 1991.

Treiman, R. & Zukowski, A., "Levels of phonological awareness", In S. Brady & D. Shankweiler (Eds.), *Phonological Processes in Literacy*, Hillsdale, NJ: Erlbaum., 1993, pp. 67 – 83.

Treiman, R. & Cassar, M., "Effects of Morphology on Children's Spelling of Final Consonant Clusters", *Journal of experimental child psychology*, vol. 63, 1996, pp. 141 – 147.

Tunmer, W. E., Bowey, J. A., "Metalinguistic awareness and reading acquisition", In Tunmer, W. E., Pratt, C., Herriman, M. I. (ed.), *Language Awareness in Children: Theory, Research and Implications*, New York: Springer – Verlag. 1984, pp. 68 – 144.

Tunmer, W. E., Herriman, M. L. & Nesdale, A. R., "Metalinguistic abilities and beginning reading", *Reading Research Quarterly*, vol. 23, 1988, pp. 134 – 158.

Tunmer, W. E., "The role of language prediction skills in beginning reading", *Journal of Educational Studies*, vol. 25, 1990, pp. 95 – 114.

Tunmer, W. E. & Rohl, M., "Phonological awareness and reading acquisition", In Sawyer, D. J. & Fox, B. J. (Eds), *Phonological awareness in reading——The evolution of current perspectives*, 1991, pp. 1 – 30.

Tunmer, W. E., Hoover, W., "Cognitive and linguistic factors in learning to read", in Gough, P. B., Ehri, L. C., Treiman, R. (ed.), *Reading Acquisition*, Hillsdale. NJ: Erlbaum, 1992, pp. 175 – 224.

Tyler, A. & Nagy, W. E. , "The acquisition of English derivational morphology", *Journal of Memory and Language*, vol. 28, 1989, pp. 649 – 667.

Tyler, A. & Nagy, W. E. , "Use of derivational morphology during reading", *Cognition*, vol. 36, 1990, pp. 17 – 34.

Vloedgraven, J. , Verhoeven, L. , "The nature of phonological awareness throughout the elementary grades: An item response theory perspective", *Learning and Individual Differences*, vol. 19, 2009, pp. 161 – 169.

Vogel, S. A. , "Syntactic abilities in normal and dyslexic children", *Journal of Learning Disabilities*, No. 7, 1974, pp. 103 – 109.

Wade – Wooley, L. & Geva, E. , "Processing inflected morphology in second language word recognition: Russian – speakers read Hebrew", *Reading and Writing: An Interdisciplinary Journal*, vol. 11, No. 4, 1999, pp. 321 – 343.

Wagner, R. K. & Torgesen, J. K. , "The nature of Phonological Processing and its causal role in the acquisition of reading skills", *Psychological Bulletin*, vol. 101, 1987, pp. 192 – 212.

Wagner, R. K. , Torgesen, J. K. & Laughon, E. , "Development of young readers' phonological processing abilities", *Journal of Education Psychology*, vol. 85, 1993, pp. 83 – 103.

Wagner, R. K. , Torgesen, J. K. & Rashotte, C. A. , "Development of reading – related phonological processing abilities: New evidence of bidirectional causality from a latent variable longitudinal study", *Developmental Psychology*, vol. 30, 1994, pp. 73 – 87.

Wagner, R. K. , et al. , "Changing, relations between phonological processing abilities and word – level reading as children develop from beginning to skilled readers: A 5 – year longitudinal study", *Developmental Psychology*, vol. 33, 1997, pp. 468 – 479.

Walley, A. C. , Metsala, J. L. & Victiria, M. , "Spoken vocabulary growth: Its role in the development of phoneme awareness and early reading ability", *Reading and Writing: An Interdisciplinary Journal*, vol. 16, 2003, pp. 5 – 20.

Wang, M. , Cheng, C. X. , Chen, S. W. , "Contribution of Morphological

Awareness to Chinese – English Biliteracy Acquisition", *Journal of Education Psychology*, *No.* 3, 2006, pp. 542 – 553.

White, T. G., Power, M. A. & White, S., "Morphological analysis: Implications for teaching and understanding vocabulary growth", *Reading Research Quarterly*, vol. 24, 1989, pp. 283 – 304.

White, T. G., Sowell, J. & Yanagihara, A., "Teaching elementary students to use word – part clues", *The Reading Teacher*, vol. 42, 1989, pp. 302 – 308.

William, S, Hammarberg, B., "Language switches in L3 Production; Implications for a polyglot speaking mode", *Applied Linguistics*, vol. 19, 1998, pp. 295 – 333.

Willow, D. M., Ryan, E. B., "The development of grammatical sensitivity and its relationship to early reading achievement", *Reading Research Quarterly*, vol. 21, 1986, pp. 253 – 266.

Wilson, A. M., Lesaux, N. K., "Persistence of phonological processing deficits in college students with dyslexia who have age – appropriate reading skills", *Journal of Learning Disabilities*, vol. 34, No. 5, 2001, pp. 394 – 400.

Wimmer, H., Landerl, K., Linortner, R., Hummer, P., "The relationship of phonemic awareness to reading acquisition: More consequence than precondition but still important", *Cognition*, vol. 40, No. 3, 1991, pp. 219 – 249.

Wood, C., Terrell, C., "Poor readers' ability to detect speech rhythm and perceive rapid speech", *British Journal of Developmental Psyclology*, vol. 16, 1998, pp. 397 – 413.

Wysocki, K. & Jenkins, J. R., "Deriving word meanings through morphological generalization", *Reading Research Quarterly*, vol. 22, 1987, pp. 66 – 81.

Yopp, H., "The validity and reliability of phonemic awareness tests", *Reading Research Quarterly*, vol. 23, 1988, pp. 159 – 177.

Zhang, B. Y. & Peng, D. L., "Decomposed storage in the Chinese lexicon", In H. C. Chen & O. J. L. Tzeng (Eds.), *Language processing in*

Chinese, Amsterdam: North – Holland, 1992, pp. 131 – 149.

Zhang, D. & Koda, K., "Contribution of morphological awareness and lexical inferencing ability to L2 vocabulary knowledge and reading comprehension among advanced EFL learners: Testing direct and indirect effects", *Reading and Writing*, No. 25, 2012, pp. 1195 – 1216.

Ziegler, J. C., Goswami, U., "Reading Acquisition, Developmental Dyslexia, and Skilled Reading Across Languages: A Psycholinguistic Grain Size Theory", *Psychological Bulletin*, vol. 131, 2005, pp. 3 – 29.

Zifcak, M., "Phonological awareness and reading acquisition", *Contemporary Educational Psychology*, vol. 6, No. 2, 1981, pp. 117 – 126.

常云：《语素意识在不同语言系统间的作用研究》，《内蒙古社会科学》2008 年第 6 期。

常云：《汉语儿童英语语素意识与阅读学习的关系》，《内蒙古师范大学学报》2010 年第 4 期。

常云：《语素意识对留学生汉语阅读的作用研究》，《内蒙古师范大学学报》2010 年第 7 期。

褚孝泉：《中西语言学理论工作者差异的思想根源》，《社会科学》2003 年第 6 期。

丁朝蓬、彭聃龄：《汉语儿童英语语音意识与拼写》，《心理学报》1998 年第 30 卷第 3 期。

封宗信：《语言学的元语言及其研究现状》，《外语教学与研究》2005 年 11 月第 37 卷第 6 期。

龚少英、徐先彩、叶晶、韩亚平：《初一英语语音意识、句法意识、工作记忆与英语阅读的关系》，《湖南师范大学教育科学学报》2009 年第 1 期。

桂诗春：《新编心理语言学》，上海外语教育出版社 2000 年版。

桂诗春、宁春岩：《语言学方法论》，外语教学与研究出版社 1997 年版。

桂诗春：《中国学生英语学习心理》，湖南教育出版社 1992 年版。

桂诗春：《实验心理语言学纲要》，湖南教育出版社 1991 年版。

黄晓钟、杨效宏、冯钢：《传播学关键术语释读》，四川大学出版社 2005 年 8 月，第 147—149 页。

姜雪凤：《语音意识、句法意识对初二学生英语阅读的影响研究》，硕士学位论文，西南师范大学，2003 年。

林泳海：《阅读心理学中语音加工的几个问题》，《宁波大学学报》（教育科学版）1999 年第 21 卷第 1 期。

刘耀中：《论内隐学习的本质特征》，《湛江师范学院学报》（哲社版）1998 年第 2 期。

鲁忠义、彭聃龄：《语篇理解研究》，北京语言大学出版社 2002 年版。

陶沙、黄秀梅、李伟：《儿童汉英双语语音意识：跨语言一致性、差异与迁移》，《北京师范大学学报》（社会科学版）2005 年第 3 期。

淘沙、冯艳娇、李伟：《语音意识不同成分在汉语儿童英语阅读学习中的作用》，《心理发展与教育》2007 年第 2 期。

王雪纯：《中国英语学习者的英语语音意识、英语阅读与英语学习低成就者的关系》，博士学位论文，东南大学，2006 年。

王燕、林崇德、俞国良：《英语学习不良儿童语音能力与阅读理解的关系》，《心理学报》2002 年 35 卷第 3 期。

王燕、俞国良：《影响阅读困难儿童信息加工过程的因素》，《心理学动态》2000 年第 6 期。

杨治良：《记忆心理学》，华东师范大学出版社 1994 年版，第 290—314 页。

张必隐：《阅读心理学》，北京师范大学出版社 1992 年版。

张琦：《留学生汉语语素意识的发展及其对阅读能力的关系》，硕士学位论文，北京语言大学，2007 年。

张洁：《小学儿童汉语语素意识的发展与促进》，硕士论文，北京师范大学，2004 年。

附录 1

语音意识测试材料

以下语音测试是为了学术研究而进行的，请你在规定的时间内按题目要求完成。你的测试得分和你的学校成绩无关，请认真独立完成。感谢你的合作！

年级 _____ 班级 _____ 年龄 _____ 性别 _____
编号 _____

1. 韵脚意识测试题

请从下列每组单词中找出画线部分与其他两个发音不同的单词，并把代号写在括号里。

例：A. b<u>ow</u>　　　　B. kn<u>ow</u>　　　　C. sl<u>ow</u>　　　　（A）

（1）A. d<u>ear</u>　　　B. b<u>eer</u>　　　C. b<u>ear</u>　　　（　　）
（2）A. b<u>ow</u>　　　B. kn<u>ow</u>　　　C. sl<u>ow</u>　　　（　　）
（3）A. b<u>oy</u>　　　B. t<u>oy</u>　　　C. d<u>oor</u>　　　（　　）
（4）A. c<u>ar</u>　　　B. b<u>ar</u>　　　C. tig<u>er</u>　　　（　　）
（5）A. ri<u>ng</u>　　　B. si<u>ng</u>　　　C. ti<u>n</u>　　　（　　）
（6）A. f<u>or</u>　　　B. d<u>oor</u>　　　C. d<u>ull</u>　　　（　　）
（7）A. d<u>ay</u>　　　B. sl<u>ay</u>　　　C. fl<u>y</u>　　　（　　）
（8）A. b<u>uy</u>　　　B. d<u>ie</u>　　　C. p<u>ear</u>　　　（　　）
（9）A. n<u>ew</u>　　　B. f<u>ew</u>　　　C. s<u>o</u>　　　（　　）
（10）A. wh<u>ere</u>　　B. th<u>ere</u>　　C. th<u>ey</u>　　　（　　）

2. 音节意识测试题

音节划分和计数：请根据录音把下面单词的音节划分出来，并且把音节数写在括号里。

例：te／rri／ble（3个）　　　　noo／dle（2个）
holiday （　　）　　　　tomorrow （　　）

p l e n t y（　　）　　　　　　n e c e s s a r y（　　）

a n i m a l（　　）　　　　　　t e a c h e r（　　）

b o r r o w（　　）　　　　　　o r g a n i z a t i o n（　　）

m e d i c i n e（　　）　　　　t e l e p h o n e（　　）

3. 音位意识测试题

下列每组单词中有几个发音，并比较两个单词相对应的每对音是否相同。在每组①中用"√"号标明有几个发音；在②中用"√"、"×"标明相同和不同的发音。（例中的单词均 4 个音，因此在①中 4 上画"√"；这两个单词第一、第二个音不同，第三、第四个音相同，因此在②中 1、2 上画"×"，在 3、4 上画"√"）

例：letter matter　　①1　2　3　④　5　　②×　×　③　④　5

(1) start　　smart　　①1　2　3　4　5　　②1　2　3　4　5

(2) map　　mop　　①1　2　3　4　5　　②1　2　3　4　5

(3) dark　　park　　①1　2　3　4　5　　②1　2　3　4　5

(4) bound　pound　①1　2　3　4　5　　②1　2　3　4　5

(5) grade　grace　①1　2　3　4　5　　②1　2　3　4　5

(6) held　　hold　　①1　2　3　4　5　　②1　2　3　4　5

(7) reader　leader　①1　2　3　4　5　　②1　2　3　4　5

(8) post　　west　　①1　2　3　4　5　　②1　2　3　4　5

(9) food　　foot　　①1　2　3　4　5　　②1　2　3　4　5

(10) bright　flight　①1　2　3　4　5　　②1　2　3　4　5

附录 2

语素意识测试材料

一 屈折语素意识测试材料

仿照例子，写句子。

1. She smiles. She smiled.

She cries. <u>She cried.</u>

2. Bob gave the ball to Ann. Bob gives the ball to Ann.

Bob took a book with him. <u>Bob takes a book with him.</u>

3. I want to see the mountain. I want to see the big mountains.

I want to see the tree.   <u>I want to see the trees.</u>

4. Look at the pictures.   Look at the picture.

Look at the children.   <u>Look at the child.</u>

练习

1. Tom helps Mary. Tom helped Mary.

Tom sees Mary.   _____

2. Jane played basketball. Jane plays basketball.

Jane kicked the ball.   _____

3. The cow woke up.   The cow wakes up.

The cow ran away.   _____

4. He is writing a letter.   He wrote a letter.

He is reading a book.   _____

5. I hurt my foot.   I hurt my feet.

I hurt my tooth.   _____

6. He bought one pig.   He bought two pigs.

He bought one apple.   _____

7. The boy went to the park. The boys went to the park.

The woman went to the park.　_____

8. I like the cat.　I like cats.

I like the mouse.　_____

二　派生语素意识测试材料

用所给词的正确形式填空。

例子：　farm　　My uncle is a <u>farmer.</u>

popularity　This song is very <u>popular.</u>

练习

1. active　　He takes part in many _____ .

2. teach　　He was a very good _____ .

3. expression　　We use words to _____ our feelings.

4. development　　Our country _____ very quickly.

5. invitation　　He _____ me to the party.

6. important　　Do you know the _____ of family?

7. friendship　　He is one of my _____ .

8. drive　　My father is a _____ .

9. runner　　She can _____ very quickly.

10. decide　　He made a right _____ .

11. difference　　The two dogs are very _____ .

12. division　　I _____ the cake into five pieces.

13. agreement　　I don't _____ with you.

14. friend　　She is very _____ .

15. foreign　　He comes from America and he is a _____ .

16. achievement　　Finally he _____ his goal（目标）.

17. high　　I don't know the _____ of the building.

18. health　　Apple is a kind of _____ food.

19. improvement　　He want to _____ his English.

20. write　　Lu Xun is a famous _____ .

三　复合语素意识测试材料

请在横线上填写适当的单词或短语。

例子：

A. The paper is white, we call it white paper.

The paper is red, we call it <u>red paper</u>？

B. This pair of socks are red, we call them red socks.

That pair of socks are blue, we call them <u>blue socks</u>.

练习

1. The flower is big and red, we call it big red flower.

The flower is big and purple, we call it _____ .

2. The cat is white and big, we call it big white cat.

The cat is black and big, we call it _____ .

3. The animal lives in the sea and looks like a star. We call it the sea star.

The animal lives in the sea and looks like a horse. We call it the _____ .

4. The cup is used to hold coffee, we call it a coffee cup.

The cup is used to hold tea, 　　　we call it a _____ .

5. The glass is used to hold wine, 　　　we call it a wine glass.

The glass is used to hold milk, 　　we call it a _____ .

6. The tree grows apples, 　　　　　we call it an apple tree.

The tree grows donuts, 　　　　　we call it a _____ .

7. Some people wear rings on their ears, they are called earrings.

Some people wear rings on their noses, they are called _____ .

8. Some people wear laces on their necks, they are called a necklace.

Some people wear laces on their feet, they are called _____ .

9. The metal shoes are put on horses, they are called horseshoes.

The metal shoes are put on pigs, they are called _____ .

10. Early in the morning, we can see the sun rising. We call it a sunrise.

At night, we can also see the moon rising, we call it a _____ .

11. Some buildings are built very high, we call them high – rise buildings.

Some buildings are built very low, we call them _____ .

12. The train runs under the ground, we call it an underground train.

The train runs over the ground, we call it an _____ .

13. We throw a ball through a basket, the game is called basketball.

We throws a ball into a bucket, the game is called _____ .

14. The box is used to store mail, it is called a mailbox.

The tray is used to store mail, it is called a _____.

15. The house is built in a tree, it is called a treehouse.

The house is built in a shrub, it is called a _____.

附录 3

词汇量测试材料

如果你不知道该词的意思，请根据你的实际情况在 A 或 B 后面的横线上画√；如果你知道该词的意思，请在 C 后面的横线上写出来。

A. 我以前没见过这个词

B. 我见过这个词，但我不记得它的意思

C. 我知道这个词，它的意思是 _____

1. able	A. _____	B. _____	C. 它的意思是 _____
2. activity	A. _____	B. _____	C. 它的意思是 _____
3. air	A. _____	B. _____	C. 它的意思是 _____
4. ancient	A. _____	B. _____	C. 它的意思是 _____
5. apple	A. _____	B. _____	C. 它的意思是 _____
6. attention	A. _____	B. _____	C. 它的意思是 _____
7. ball	A. _____	B. _____	C. 它的意思是 _____
8. become	A. _____	B. _____	C. 它的意思是 _____
9. big	A. _____	B. _____	C. 它的意思是 _____
10. boat	A. _____	B. _____	C. 它的意思是 _____
11. break	A. _____	B. _____	C. 它的意思是 _____
12. but	A. _____	B. _____	C. 它的意思是 _____
13. cancer	A. _____	B. _____	C. 它的意思是 _____
14. centre	A. _____	B. _____	C. 它的意思是 _____
15. cheese	A. _____	B. _____	C. 它的意思是 _____
16. city	A. _____	B. _____	C. 它的意思是 _____
17. coach	A. _____	B. _____	C. 它的意思是 _____
18. company	A. _____	B. _____	C. 它的意思是 _____
19. cool	A. _____	B. _____	C. 它的意思是 _____

20. cow	A. _____	B. _____	C. 它的意思是_____
21. dark	A. _____	B. _____	C. 它的意思是_____
22. depend	A. _____	B. _____	C. 它的意思是_____
23. direction	A. _____	B. _____	C. 它的意思是_____
24. dollar	A. _____	B. _____	C. 它的意思是_____
25. dry	A. _____	B. _____	C. 它的意思是_____
26. effort	A. _____	B. _____	C. 它的意思是_____
27. energy	A. _____	B. _____	C. 它的意思是_____
28. every	A. _____	B. _____	C. 它的意思是_____
29. experience	A. _____	B. _____	C. 它的意思是_____
30. farm	A. _____	B. _____	C. 它的意思是_____
31. fifth	A. _____	B. _____	C. 它的意思是_____
32. fix	A. _____	B. _____	C. 它的意思是_____
33. foreigner	A. _____	B. _____	C. 它的意思是_____
34. friendly	A. _____	B. _____	C. 它的意思是_____
35. geography	A. _____	B. _____	C. 它的意思是_____
36. government	A. _____	B. _____	C. 它的意思是_____
37. greet	A. _____	B. _____	C. 它的意思是_____
38. hand	A. _____	B. _____	C. 它的意思是_____
39. health	A. _____	B. _____	C. 它的意思是_____
40. high	A. _____	B. _____	C. 它的意思是_____
41. hope	A. _____	B. _____	C. 它的意思是_____
42. hungry	A. _____	B. _____	C. 它的意思是_____
43. include	A. _____	B. _____	C. 它的意思是_____
44. international	A. _____	B. _____	C. 它的意思是_____
45. Japan	A. _____	B. _____	C. 它的意思是_____
46. kill	A. _____	B. _____	C. 它的意思是_____
47. knowledge	A. _____	B. _____	C. 它的意思是_____
48. leaf	A. _____	B. _____	C. 它的意思是_____
49. life	A. _____	B. _____	C. 它的意思是_____
50. look	A. _____	B. _____	C. 它的意思是_____
51. make	A. _____	B. _____	C. 它的意思是_____

52. maybe	A. _____	B. _____	C. 它的意思是_____
53. metal	A. _____	B. _____	C. 它的意思是_____
54. moment	A. _____	B. _____	C. 它的意思是_____
55. move	A. _____	B. _____	C. 它的意思是_____
56. near	A. _____	B. _____	C. 它的意思是_____
57. nineteen	A. _____	B. _____	C. 它的意思是_____
58. note	A. _____	B. _____	C. 它的意思是_____
59. office	A. _____	B. _____	C. 它的意思是_____
60. ourselves	A. _____	B. _____	C. 它的意思是_____
61. pancake	A. _____	B. _____	C. 它的意思是_____
62. patient	A. _____	B. _____	C. 它的意思是_____
63. phone	A. _____	B. _____	C. 它的意思是_____
64. plan	A. _____	B. _____	C. 它的意思是_____
65. police	A. _____	B. _____	C. 它的意思是_____
66. potato	A. _____	B. _____	C. 它的意思是_____
67. private	A. _____	B. _____	C. 它的意思是_____
68. pull	A. _____	B. _____	C. 它的意思是_____
69. radio	A. _____	B. _____	C. 它的意思是_____
70. receive	A. _____	B. _____	C. 它的意思是_____
71. report	A. _____	B. _____	C. 它的意思是_____
72. risk	A. _____	B. _____	C. 它的意思是_____
73. rush	A. _____	B. _____	C. 它的意思是_____
74. save	A. _____	B. _____	C. 它的意思是_____
75. see	A. _____	B. _____	C. 它的意思是_____
76. several	A. _____	B. _____	C. 它的意思是_____
77. short	A. _____	B. _____	C. 它的意思是_____
78. similar	A. _____	B. _____	C. 它的意思是_____
79. skill	A. _____	B. _____	C. 它的意思是_____
80. soap	A. _____	B. _____	C. 它的意思是_____
81. soon	A. _____	B. _____	C. 它的意思是_____
82. spend	A. _____	B. _____	C. 它的意思是_____
83. stay	A. _____	B. _____	C. 它的意思是_____

84. strong   A. _____   B. _____   C. 它的意思是_____

85. Sunday   A. _____   B. _____   C. 它的意思是_____

86. table   A. _____   B. _____   C. 它的意思是_____

87. television A. _____   B. _____   C. 它的意思是_____

88. theatre   A. _____   B. _____   C. 它的意思是_____

89. this   A. _____   B. _____   C. 它的意思是_____

90. tiny   A. _____   B. _____   C. 它的意思是_____

91. toothpaste A. _____   B. _____   C. 它的意思是_____

92. translate A. _____   B. _____   C. 它的意思是_____

93. ugly   A. _____   B. _____   C. 它的意思是_____

94. until   A. _____   B. _____   C. 它的意思是_____

95. visit   A. _____   B. _____   C. 它的意思是_____

96. waste   A. _____   B. _____   C. 它的意思是_____

97. weigh   A. _____   B. _____   C. 它的意思是_____

98. white   A. _____   B. _____   C. 它的意思是_____

99. winner   A. _____   B. _____   C. 它的意思是_____

100. write   A. _____   B. _____   C. 它的意思是_____

附录4

阅读理解测试材料

以下阅读理解测试是为了学术研究而进行的，请你在规定的时间内按题目要求完成。你的测试得分和你的学校成绩无关，请认真独立完成。感谢你的合作！

年级 _____ 班级 _____ 年龄 _____ 性别 _____
编号 _____

要求：请认真阅读材料，把正确答案写在每个阅读理解后的答案处。

Passage 1

Mrs. King is a teacher. She teaches English. She can speak a little Chinese, too. She goes to Chinese classes every day.

Mrs. King is from Sydney in Australia, but she likes working in China. She says all her students work very hard and they are very friendly. She loves them very much.

Mrs. King has a son and a daughter. Her son's name is Mike. He is ten years old. Her daughter's name is Sue. She is seven years old. They go to school here in China. They have classes on weekdays. They like their school very much.

After school they often go shopping and swimming. Sometimes they help their mother do some housework. They have a happy family.

(1) What does Mrs. King teach in China?

A. English and Chinese   B. Japanese   C. English

D. Chinese

(2) "Does Mrs. King like teaching in China?" "_____"

A. Yes, she is   B. Yes, she does   C. No, she doesn't

D. No, she isn't

(3) How old her daughter?

She's _____.

A. ten　　　　B. eleven　　　　C. seven　　　　D. eight

（4）What do Mrs. King's children do in China?

They ____ in China.

A. work　　　　B. study　　　　C. teach　　　　D. play

（5）Do they help their mother with the housework?

A. No, they don't　　　　　　B. Yes, they are

C. Yes, sometimes　　　　　　D. Yes, often

答案：（1）　　　（2）　　　（3）　　　（4）　　　（5）

Passage 2

John is a paper boy. He delivers newspaper to different in houses in is street every day. He has about 80 customers. Half of his customers only take the newspapers on weekdays and about half take the newspapers on weekends. Two of John's customers only take the newspapers on Sundays.

John has to get up at 4：30 every morning to deliver his newspapers. It takes longer to deliver the newspapers on Sundays.

John is saving money to buy a new bike. He is also saving money for college. He has 500 dollars in the bank now.

（1）John _____ every day.

A. reads books　　　　　　B. sells newspapers

C. reads newspapers　　　　　D. delivers newspapers

（2）John has about _____ customers.

A. 40　　　　B. 120　　　　C. 80　　　　D. 20

（3）_____ of his customers only take the newspapers on Sundays.

A. Two　　　　B. Eight　　　　C. Forty　　　　D. twenty

（4）John is saving money to buy _____.

A. a newspaper　　　　　　B. a new bike

C. a house　　　　　　　D. a college

（5）John delivers newspapers _____.

A. only on Sundays.　　　　　B. sometimes

C. every day　　　　　　　D. on weekends

答案：（1）　　　（2）　　　（3）　　　（4）　　　（5）

Passage 3

Whose house is this? It's the Dawson's new house in village. The name of the village is Belmont. It's a little near the big city. There are two small lakes in Belmont, and they live near one of them. They like it very much.

Mrs. Dawson is usually busy because she does her housework. She get the meals, she cleans the house, she washes the clothes, and she does the shopping for the family. Her daughter Ann helps her a little every day. Mr. Dawson sometimes helps her, too.

Many people here are moving from the cities to the village. A village is like a little town. It's usually more quiet and more friendly. It also has many new houses with big yards. They appreciate the village very much.

(1) Who is the busiest in theDawson's?

A. Mr. Dawson   B. Mrs. Dawson and her daughter

C. Mrs. Dawson   D. Mr. Dawson and his daughter

(2) Where is Belmont?

A. It is near a big city.   B. It is near a big town.

C. It's near another city.   D. It's near the two lakes.

(3) Mr. Dawson _____

A. often helps Mrs. Dawson   B. helps Mrs. Dawson every day

C. never helps Mrs. Dawson   D. doesn't often help Mrs. Dawson

(4) Ann _____.

A. doesn't like their house   B. never helps her mother

C. helps her mother every day   D. sometimes helps her mother

(5) Many people are moving to the village because _____.

A. there are lakes near the village

B. the village looks like the city

C. there are many new buildings in the village

D. the village is more quiet and friendly than the city

答案：(1)   (2)   (3)   (4)   (5)

Passage 4

Jimmy lives in the country, and he loves playing in the river near his house, but his father gets a job in the big city, and he moves there with his family.

　　Their new house has a garden but the garden is very small. Jimmy isn't happy. "Is there a river near here? He's asking his mother on the first morning. His mother is answering： "No, there isn't. but there's a nice park near here, Jimmy, and there's a pool in it. We're going there this afternoon. " Jimmy is happy now.

　　After lunch, Jimmy and his mother go to the park. Jimmy wants to walk near the pool, but there is a sign before it. His mother reads it to him, "Warning： This pool is dangerous. 367 people have fallen into it. " Jimmy looks into the pool carefully. And he says. "But I can't see them" .

　　(1) There is _____near Jimmy's old house.

A. a country　　　B. a garden　　　C. a river　　　D. a park

　　(2) Jimmy moves to a big city because _____.

A. he likes the big city

B. their new house in the big city has a nice garden

C. there is a pool in the garden.

D. his father gets a job in the big city.

　　(3) Jimmy is happy because _____.

A. he's going to the park

B. he's going to play in the river

C. he's going to see their nice garden

D. he's going to play with some new friends

　　(4) The sign tell people _____.

A. the water in the pool is dangerous

B. not to walk near the pool

C. not to look at the pool

D. nobody have fallen into the pool

　　(5) Which is not right?

A. Jimmy's father is a worker.

B. Jimmy likes playing in the river.

C. 367 people have fallen into the pool.

D. Jimmy gets into the pool and swims in it.

答案：(1) (2) (3) (4) (5)

Passage 5

In the morning, Mr. Smith comes into the garden at the back of his house. He sees so much snow in the garden. Mr. Smith wants to take his car out, so he asks a man to clean the road from his garage to the gate. He says to the man, "Don't throw any snow on that side. It will damage the flowers in my garden, and don't throw any on the other side for it will damage the wall, and don't throw any into the street, or the policeman will come." Then he goes out.

When he comes back, the path is clean. There is no snow on the flowers, on the wall or in the street. But when he opens the garage to get his car out, he sees that the garage is full of the snow from the path and his car is under the snow!

(1) In the morning Mr. Smith finds ___ is full of snow.

A. his garden　　B. his garage　　C. his house　　D. his car

(2) He wants a man to clean the road. He ____.

A. doesn't like snow at all

B. likes the clean road

C. wants to take his car out of the garage

D. often asks the man to do something

(3) Where does Mr. Smith tell the man to throw the snow in the garden?

A. On the flowers.　　　　B. Into the street.

C. On the wall.　　　　　D. We don't know.

(4) He opens the garage ____.

A. and takes his car out　　B. and finds it is full of snow

C. and finds there is no car in it　　D. and takes snow out

(5) Where is Mr. Smith's car?

A. Under the snow from the road.　　B. In the street.

C. Near the road.　　　　D. In front of his house.

答案：(1) (2) (3) (4) (5)

Passage 6

Most people want to work, but it has become more difficult in today's word to find world for everybody. The economies of the world need to grow by 4% each year just to keep the old number of jobs for people. Often this is not possible, and so more people are without work. Some people have no jobs now because new machines can do the work of many people in a short time. Also, machines do not ask for more and longer holidays. In all of the countries of the world machines are taking work from people, not only in factories but also on the farms. One machine can often do the work of forty people. About 75000 people are moving to the cities a day to look for jobs, but only 70% of them can find jobs.

（1）It was ____ for people to find work before than today.

A. difficult　　　B. more difficult　C. easier　　　　D. not possible

（2）If the economies of the world grow by 4% each year, ____ .

A. 4% of the people will have jobs too

B. people will have no jobs

C. 97% of the people will have jobs

D. people can have the same number of jobs as before

（3）One machine can do as much word as _____ .

A. 40 people　　　　　　　B. 40% of the people

C. 4% of the people in the world　　D. 75000

（4）How many people outside cities to look for jobs each day?

A. About 4% of the people in the world.

B. About 75000 people.

C. More than 75000.

D. 70% of the people.

（5）Which of the following isn't right?

A. Machines are talking work from people.

B. Now more people are without work.

C. Most people want to have jobs.

D. Machines need more money and longer holidays.

答案：（1）　　　（2）　　　（3）　　　（4）　　　（5）

附录 5

句法意识测试材料

例子：I go school everyday

正确的形式应该是：I go to school everyday.

1. My mother very hard work.

2. He go to school everyday.

3. My home is not far to our school

4. There is a egg on the table.

5. I am not know your name.

6. The boy swimming in the lake.

7. We have a meeting that afternoon.

8. He comes home back.

9. Children's mother work very hard.

10. I eat a piece bread every morning.

11. I'm good boy.

12. She likes eat apple very much.

13 They are clean the house.

14. May I borrow some of your books, Mr Green?

15. John reads often newspaper.

16. Lily and Peter is watching TV.

17. My teacher helps me my English.

18. Why people call him Liz?

19. There are many people in the park.

20. Hits the dog Mark.

21. It don't matter.

22. Who on duty today?

23. Roberv uses an knife cut the pencil.

24. Mrs Jackson is an American doctor.

25. There is some bananas on the tree.

26. I want buy some food.

附录 6

工作记忆测试材料

（1.1）The old woman gets off a bus.

（2）Ming Ming's shoes are not clean.

问题：Whose shoes are dirty（脏）？

（2.1）Lily is from America and I am from China.

（2）There are three people in my family.

问题：Where is Lily from?

（3.1）My mother likes eating banana.

（2）I often go to park with my brother.

（3）It takes me one hour to finish my homework.

问题：Did I often go to the park?

（4.1）They want to buy three eggs.

（2）John doesn't have enough money with her.

（3）I am often late for school.

问题：Who don't have enough money?

（5.1）I usually come to school by bike.

（2）I like milk very much, because it is good for me.

（3）It's your turn to read now.

（4）Let me tell you something about my little dog.

问题：What do I like very much?

（6.1）The first thing you must do is reading.

（2）I would like to see a film with you.

（3）Li Lei wants to borrow some books from Tom.

（4）The little boy is watching TV.

问题：What does Li Lei want to borrow?

（7.1） Today is Kate's fifteenth birthday.

（2） There are two boats i： How old is Kate?

（8.1） My sister goes to sleep at eight.

（2） He likes reading books in the classroom.

（3） On Sunday morning I usually get up very late.

（4） I wrote to my father yesterday evening.

（5） There are two classes in our grade.

问题：Who did I write to?

（9.1） The teacher asked the students to look at the map.

（2） Two farmers are on their way home.

（3） Jim's sister doesn't know how to write.

（4） The boy is playing with a pen and a piece of paper.

（5） Her friends are now outside the box.

（6） The sky is blue and the sun is bright.

问题：Who is playing with a pen?

（10.1） He is playing with his new toys.

（2） Patens must look after their children.

（3） We'll go to the park next Sunday.

（4） We have some carrots here.

（5） Mr Jones and Mr. Brown work in the same office.

（6） I know you are making things.

问题：Where will we go to?

后　记

　　写完这本书，羊年已经开始。我原计划于马年初能完成我的这本专著，以期马到成功，然而因工作和生活中的种种事情拖延至今才完成。这本书自构想至竣工整整八年，可谓八年抗战！

　　这是我的第一部专著，它耗时长达八年之久，这期间有辛酸与泪水也有快乐与兴奋。辛酸的是作为一个女人，现在已进不惑之年，在繁重的工作和家庭生活之余还不得不从事这样一件耗人心血的事情；快乐的是可以与读者分享我的成果。自2007年开始攻读硕士学位，就开始了我的著书历程。起初，我并没有写书的想法，后来，随着相关资料的积累和系列论文的发表，我对元语言意识研究开始已经有些眉目，初步形成自己的观点，再者，我发现有关二语习得中元语言意识的研究目前在我国很少，就产生了填补这方面空白的想法。于是，我首先选择了元语言意识的研究作为我的硕士学位论文研究的主题。从硕士学位论文的撰写到专著的形成过程中，一路历尽艰辛磕磕绊绊地走过来，到今天，这本书终于可以面世了，这是我八年来对二语习得中元语言意识研究的一个总结，也是我继续努力的新起点。而此时心情可说是：一则以喜，一则以惧。喜的是毕竟花心血完成了一件事，惧的是书能否符合读者的希望。

　　在本书的写作过程中，遇到过很多很多的困难。在我的导师、同人、丈夫和女儿的大力支持下，使我克服重重困难，终于给元语言意识的研究画上了完整的句号。在此对他们的热情帮助和大力支持表示衷心的感谢！首先，我应该感谢我的导师王琦教授，是她对我的启发和鼓励使我产生了对元语言意识研究的兴趣。在我撰写硕士学位论文的过程中，是她渊博的知识、精辟的见解、敏锐的洞察力和细心的指导，逐渐使我对元语言意识的研究产生了灵感，毕业后她仍然不忘在学术上对我一次次地鼓励，使我对元语言意识的继续研究增添了勇气，同时为我的学术研究指明了方向，我而今学术上的成绩可以说是凝聚着导师的心血和汗水，对导师的感激永远铭刻在心。

　　感谢天水市所有初二年级英语组组长以及参与试验的每一位初二学生的帮助和支持，是他们为本书的实证研究提供了最真实的第一手的实验数据资料。再者，应该感谢的是我的丈夫，是他一如既往对我学业的支持和关心、对我学术研究的理解和鼓励，才使我打消了一次又一次想对学术研究放弃的念头。感谢我乖巧的女儿在我作学术研究的时候能自觉地离开我。当然，我最要感谢的还是本书的读者，因为您是我的上帝。由于能力所限，本书不免存在一些不当之处，欢迎您对本书批评指正。

张忠慧

2015 年 1 月于天水